I0052054

# ORIGINE ET PORTÉE

DE LA MAXIME

## EN FAIT DE MEUBLES, LA POSSESSION VAUT TITRE.

## ÉTUDE SUR LA PRESCRIPTION MOBILIÈRE

PAR

### A.-F. GAYET,

Avocat à la Cour impériale de Grenoble.

## MÉMOIRE

COURONNÉ PAR LA FACULTÉ DE DROIT DE GRENOBLE.

CONCOURS DE 1862.

### PREMIÈRE MÉDAILLE D'OR.

GRENOBLE,

MAISONVILLE ET FILS, IMPRIMEURS-LIBRAIRES,

Rue du Quai, 8.

1863.

# ORIGINE ET PORTÉE

### DE LA MAXIME

## EN FAIT DE MEUBLES, LA POSSESSION VAUT TITRE.

———◆———

## MÉMOIRE

### PRÉSENTÉ A LA FACULTÉ DE DROIT DE GRENOBLE

### POUR LE CONCOURS DE 1862.

———◆———

GRENOBLE,

MAISONVILLE ET FILS, IMPRIMEURS-LIBRAIRES,

Rue du Quai, 8.

—

1863.

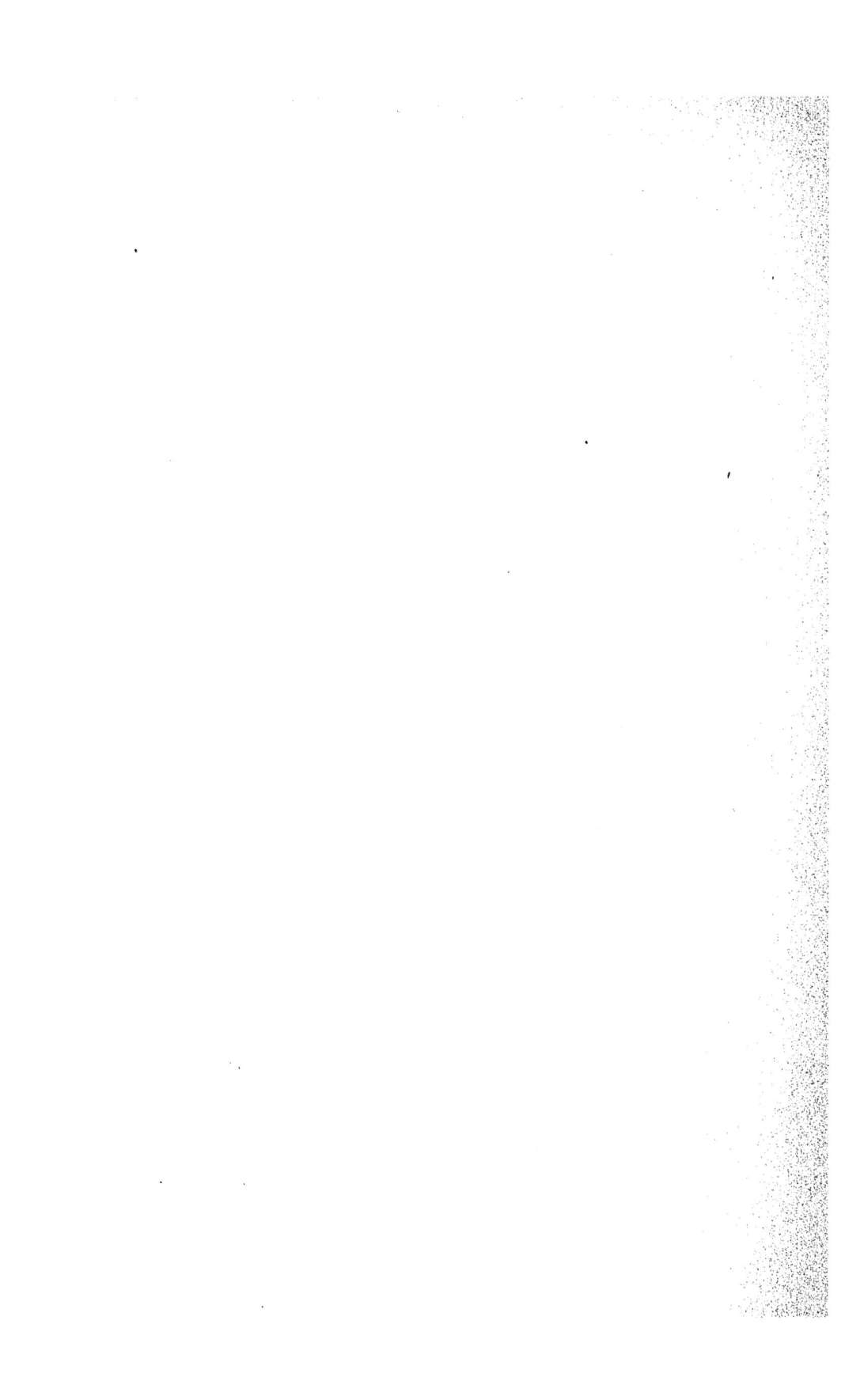

# ORIGINE ET PORTÉE

DE LA MAXIME

## EN FAIT DE MEUBLES, LA POSSESSION VAUT TITRE.

### INTRODUCTION.

Un des caractères les plus distinctifs du Code Napoléon et de notre législation moderne consiste, sans aucun doute, dans cet esprit sagement libéral qui les conduit en chaque matière à sauvegarder le crédit public et à garantir à toute personne l'exercice facile des relations de droit privé. De même que les lois révolutionnaires, ennemies des injustices et des entraves féodales, avaient, en agissant dans le domaine du droit public qui concerne l'état des personnes, aboli les distinctions de caste, les incapacités et les priviléges de naissance, de même agissant dans le domaine du droit privé, où il y avait à opérer moins de réformes, le Code Napoléon a voulu faire disparaître toute entrave à la libre transmission des biens et à la sûreté des transactions civiles. Toutes les fois qu'en faveur de ces grands principes il a trouvé quelque règle émanée de notre jurisprudence française, il n'a pas craint, dérogeant au droit romain, son modèle, de faire prévaloir sur cette immortelle expression de la sagesse ancienne le bon sens pratique de nos coutumes nationales.

Cette prudente méthode d'éclectisme apparaît à chacune de ses pages. Ici, c'est la fiction de la saisine (1) qu'il emprunte à la coutume de Paris (2), dans le but de faciliter la transmission des hérédités et d'empêcher que la propriété des biens du défunt demeure un seul instant incertaine. Là, dans la pensée de garantir la stabilité des acquisitions, d'éloigner la possibilité de recours qui entravent le crédit général et arrêtent l'essor du commerce, c'est le principe de l'art. 883, tout opposé aux rigoureuses déductions de la loi romaine, qu'il emprunte au droit coutumier, et qui domine toute la matière du partage. Ailleurs, c'est le prin-

---

(1) Art. 724. — (2) Tit. xv, art. 18.

cipe de la publicité des hypothèques (1), inconnu
à Rome et emprunté aux édits et ordonnances de
nos rois (2) qui l'avaient maintes fois proclamé, bien
qu'une pratique inintelligente ne l'appliquât point.

Tout récemment la loi sur la transcription a
fait dans cette voie un pas immense. Ne prenant
pour guide que l'intérêt général, elle s'est proposée, au moyen des transcriptions qu'elle impose
et dont elle fait une condition de la translation de
propriété à l'égard des tiers, de garantir elle-même
le crédit des fortunes immobilières : elle a voulu,
pour me servir des expressions du jurisconsulte
éminent qui l'avait appelée de ses vœux longtemps
avant que nos législateurs l'eussent décrétée, « que
celui qui achète fût sûr de rester propriétaire, celui
qui paye de ne pas être obligé de payer une seconde fois, et celui qui prête d'être remboursé. »

La loi sur la transcription n'a disposé que pour
les immeubles : pour les biens mobiliers, leur
transmission facile et le crédit qui doit s'attacher
à leur possession n'avaient pas besoin d'être re-
connus par la loi nouvelle, parce que dès la pro-

---

(1) Art. 2131. — (2) Édits de 1580, de 1606, de 1673.

mulgation de nos Codes, ils avaient été sagement
consacrés. Je n'ai point à parler ici des biens
mobiliers incorporels : qu'il me soit permis cependant de rappeler combien la multiplicité des effets
de commerce cessibles par la voie de simple endossement, combien la négociation des effets publics, aujourd'hui si importants et si nombreux,
leur assurent des modes de transmission aussi
aisés que rapides. Mais quant aux meubles corporels, dont j'ai spécialement à m'occuper, les art.
2279 et 2280 de notre Code ont émis, pour leur
assurer une circulation prompte et libre, une
théorie qui sera sans doute le dernier mot du
législateur, quelque soucieux qu'il puisse être du
crédit général.

Cette théorie a été résumée en une maxime absolue, concise, qui se grave dès l'abord et par sa
concision même dans l'esprit de tout homme
arrivant à l'étude de nos lois, en une maxime qui
semble, par son apparente rigueur, être la source
de décisions toujours sûres, faciles et souveraines,
chaque fois qu'il y a contestation sur la propriété
d'un meuble. Et cependant s'il existe dans tous
nos Codes une disposition contre laquelle un jurisconsulte novice doive se mettre en garde, pour
ne pas se laisser entraîner par une interprétation

superficielle, c'est, sans aucun doute, cet aphorisme de sens si équivoque : *En fait de meubles, la
possession vaut titre.*

Dans cette dissertation assez étendue, qu'on ac-
cusera peut-être d'avoir suivi terre à terre et
presque copié les données de la jurisprudence et
des auteurs, plutôt que d'avoir émis des idées pa-
radoxales, je me propose, après une courte étude
historique sur la prescription des meubles dans
notre ancienne jurisprudence (*chapitre premier*),
de bien mettre en lumière et sous des formes multiples le véritable sens de cette maxime, de réfuter,
à l'aide d'une sage doctrine, les interprétations
vicieuses qui ont été proposées par des jurisconsultes éminents. Ce sera la principale partie de
mon travail (*chapitre deuxième*).

Accessoirement j'entrerai, à la suite des arrêts,
dans l'examen des questions débattues où l'application de la théorie légale présentait quelque
doute, soit à cause des parties contestantes, soit à
cause des objets revendiqués (*chapitre troisième*).

Une quatrième division sera consacrée à l'étude
des exceptions que les articles 2279 et 2280 appor-
tent à la généralité de la maxime (*chapitre quatrième*).

En dernier lieu et pour donner à ce mémoire un caractère aussi complet que possible, j'ajouterai un aperçu extrêmement bref sur la prescription des meubles dans les principales législations étrangères (*chapitre cinquième*).

# CHAPITRE PREMIER.

## De la Prescription des Meubles dans notre ancienne jurisprudence.

Origine de la maxime : en fait de Meubles, la possession vaut titre.

### SOMMAIRE.

1. Silence de la plupart des Coutumes sur la prescription des meubles.
2. Inconvénients de cette lacune.
3. Ses causes.
4. Des dispositions du droit romain en cette matière.
5. Le droit de Justinien admis dans les pays de droit écrit et dans certaines provinces du Nord.
6. Des Coutumes qui admettaient une prescription spéciale pour les meubles.
7. Résumé de l'ancienne jurisprudence.
8. Esprit de la législation nouvelle.
9. Origine de ses innovations.
10. Incertitudes de l'ancienne doctrine.
11. Jurisprudence du parlement de Paris.
12. Tendances du Châtelet.
13. Ses efforts et ses moyens pour éluder la loi.
14. Naissance de la théorie nouvelle.
15. Elle est nettement formulée par Bourjon, copié lui-même par les rédacteurs du Code.
16. Opinion de Pothier, versatilité de cet auteur.

17. Rappel de quelques règles anciennes conservées par nos législateurs. Abolition de l'action possessoire en matière mobilière; admission de la prescription des choses furtives.
18. Origine de l'article 2280.
19. Des travaux préparatoires du Code en ce qui touche la prescription des meubles.
20. Textes législatifs.
21. La maxime consacrée par notre Code n'est qu'une généralisation d'une règle admise autrefois en matière hypothécaire.

1. On ne rencontre aucune de nos anciennes coutumes générales (1), même parmi celles dont les dispositions sont les moins nombreuses et les plus concises, qui n'ait un chapitre spécial traitant de la prescription. Interprètes des besoins de la société à une époque où les violences et les usurpations étaient fréquentes, ces monuments législatifs avaient senti la nécessité de consacrer les longues possessions sans rechercher les faits qui leur servaient de base. Mais si, dans toutes ces coutumes générales, la faculté de prescrire se trouve explicitement garantie, on doit remarquer que, dans un très-grand nombre d'entre elles, il n'est question que de la prescription des immeubles, tandis que celle des objets mobiliers demeure ordinairement en dehors des prévisions

(1) Je n'ai point voulu réfuter dès l'abord l'opinion erronée de ceux qui ont cru découvrir l'origine de la maxime « en fait de meubles, la possession vaut titre » dans le droit germain. On peut voir ce que j'en dis *infra*, chap. v.

expresses de la loi; c'est ainsi que les coutumes de Paris et d'Orléans, vantées sous l'ancienne législation comme les plus sages et les plus complètes, et dont les préceptes s'appliquaient à un immense territoire, gardaient sur ce point un silence absolu (1). Même silence dans la plupart des coutumes du nord de la France, dans celles de Normandie (2), d'Artois (3), de Touraine (4), de Poitou (5), de Saintonge (6), de Marche (7) et de Lorraine (8).

2. Certes, il y a lieu de s'étonner que ces coutumes, qui toutes établissaient une division générale des choses, en distinguant des objets immeubles et des objets meubles; qui, dans leurs systèmes de succession, attribuaient ceux-ci à tels héritiers et ceux-là à tels autres; qui permettaient d'hypothéquer les premiers, tandis qu'elles déniaient tout droit de suite à l'égard des seconds, n'aient point consacré des dispositions précises pour la prescription de ces deux grandes classes de biens. La nécessité de parler spécialement des meubles se faisait doublement sentir, en premier lieu, parce que, dans la plupart des situations juridiques, ceux-ci étant soumis à des règles toutes différentes de celles qui régissaient les immeubles, on ne pouvait leur appliquer

---

(1). Coutume de Paris, tit. vi, art. 113-118. Cout. d'Orléans, tit. xiv, art. 260-271. — (2) Art. 521-526. — (3) Art. 73. — (4) Chap. xviii. — (5) Chap. xii, art. 372-374 — (6) Chap. xiii, art. 111. — (7) art. 90-94. — (8) Chap. xviii.

par extension la prescription établie pour ces derniers,
et en second lieu, parce que si, faute d'autre texte, une
interprétation extensive leur appliquait une telle prescription, cette jurisprudence devenait éminemment
vicieuse au point de vue économique. Exiger que le
possesseur d'un meuble, pour en devenir propriétaire,
fît preuve d'une possession continuée pendant vingt ou
trente ans (délai habituel de la prescription immobilière),
c'était, selon les expressions de Pothier, exiger une
possession plus longue que n'est la durée de plusieurs
choses meubles, c'était rendre imprescriptibles plusieurs
de ces choses (1).

3. Cette lacune regrettable dans la législation coutumière ne peut guère s'expliquer que par l'inadvertance
des rédacteurs, car l'on ne saurait admettre que leur
dédain des valeurs meubles ait pu les conduire jusqu'à
omettre, comme inutile, une règle indiquant le délai
nécessaire pour les acquérir par prescription. Sans
doute, à l'époque où ils compilaient leurs lois, la fortune
mobilière n'avait qu'une très-minime importance et les
légistes disaient avec raison : *res mobiles, res viles;*
mais malgré cette maxime, que les progrès de l'industrie
rendaient chaque jour plus erronée, dès lors, comme
de tout temps, il existait des meubles, et dans toutes
les parties de la législation qu'il sanctionnait, un ré-
dacteur prévoyant aurait dû s'en occuper.

---

(1) *Traité de la prescription*, art. 3, n° 202.

4. Le législateur romain s'était gardé d'une telle faute ; lui qui ne reconnaissait pas dans la qualité de meuble ou d'immeuble le caractère essentiel de sa grande division des choses, avait cependant, dès la plus haute antiquité, établi un délai spécial pour la prescription des meubles : *Usus auctoritas fundi biennium, ceterarum rerum annuus usus esto* (1). Ce délai d'un an est, sans contredit, le plus sage et le plus rationnel que le bon sens des jurisconsultes ait jamais consacré. Il fut applicable à l'usucapion des meubles pendant les douze premiers siècles de la jurisprudence romaine.

En l'an 531, et en même temps qu'il étendait à tous les immeubles de l'empire l'ancienne *præscriptio*, jadis spéciale aux fonds des provinces, l'empereur Justinien introduisit des délais nouveaux pour la prescription des meubles. Ce fut l'équité bien plus que le crédit public qui inspira son innovation ; il craignit qu'en présence de prescriptions trop courtes, les propriétaires ne fussent injustement dépouillés *( ne maturius suis rebus domini defraudentur )* (2), et il exigea, pour l'acquisition des meubles, une possession de bonne foi continuée pendant trois ans (3).

Mais, tout en introduisant ces délais nouveaux, le législateur des novelles respecta les grandes règles du

---

(1) C'était la disposition de la loi des Douze tables. — (2) *Inst.*, lib. II, tit. VI, § 1. — (3) Cod. Const. I, lib. VII, tit. XXVI, *de usuc. transf.*

droit classique, et notamment celle qui interdisait la prescription des choses volées : *res furtivæ, nec si longo tempore bona fide possessæ fuerint, usucapi possunt* (1). J'insiste sur cette disposition parce qu'elle est en désaccord avec notre droit moderne, tout en paraissant au premier abord être une émanation très-naturelle de la plus équitable justice. J'aurai plus tard en rappelant, en combattant ces arguments de l'équité et ces précédents historiques, à justifier les principes du Code Napoléon.

5. La constitution de Justinien, en ce qui concerne la prescription triennale des meubles, fut admise, non seulement dans quelques-unes des provinces où le droit romain était la loi vivante, mais encore dans certaines de nos coutumes septentrionales ; en effet, après avoir émis le grand principe de la prescription et fait connaître le délai de la prescription immobilière, plusieurs d'entre elles ajoutaient : « *Quant à l'usucapion de chose meuble, elle demeure selon l'ordonnance et disposition du droit écrit.* » Je citerai comme exemples les coutumes de Bourgogne (2), de Melun (3), de Maine (4), d'Anjou (5) et l'on pourrait en énumérer bien d'autres (6).

---

(1) *Inst. de usuc.*, § 2. — (2) *Tit. des prescriptions*, art. 1. — (3) Art. 148. — (4) Art. 434. — (5) Art. 144. — (6) Elles étaient au nombre de quinze et sont toutes citées dans le *Rép. de Merlin*, V° *Prescription*, sect. 2, § 6.

Toutefois, si la sage disposition de la loi romaine s'était fait jour jusque dans les pays de coutumes, elle n'avait pas conservé son empire dans toutes les provinces de droit écrit, à tel point qu'au dire des auteurs les mieux accrédités, « le droit commun de ces provinces était la prescription trentenaire (1). » C'est ainsi que dans le ressort du parlement de Toulouse, il fallait, nous dit Serres dans ses *Institutions au droit français* (2), le même temps pour la prescription des meubles que pour la prescription des immeubles. Même application de ce principe dans le ressort du parlement de Bordeaux (3); enfin, c'était aussi la jurisprudence du parlement de Dauphiné qui « ne reconnaissait que les prescriptions de trente et quarante ans (4). » Quant aux motifs de cette jurisprudence étrange, qui oubliait si fâcheusement le précepte du législateur romain, il se fondait sur ce que « la Novelle 119, chap. VII, au dire des commentateurs, exigeait, indépendamment du titre et de la bonne foi du possesseur, que le véritable propriétaire eût connu le droit qu'il avait sur la chose, ce qui ne se présume jamais (5). »

6. Laissant de côté les dispositions du droit écrit, j'arrive aux coutumes qui, sans ressentir son influence

---

(1) Catelan, liv. VII, chap. XXI; Boniface, t. IV, liv. II, tit. III, chap. I. — (2) Liv. II, tit. VI. — (3) La Peyrère, lettre P, nº 98. — (4) Chorier, *Jurisprudence de Guy-Pape.* — (5) Serres, *loc supra cit.*

2

immédiate, s'étaient occupées de la prescription des
meubles et lui avaient fixé un délai ; elles sont très-peu
nombreuses et je les citerai presque toutes en indiquant
celles de Bretagne (1), de Boulonnais, d'Oudenarde (2),
de Berry (3) et de Valenciennes (4). « Chose meuble,
« disait la première, se prescrit par l'espace de cinq
« ans, s'il n'y a obligation, lettre ou promesse par
« écrit. » La loi municipale de Valenciennes exigeait
une possession de dix ans, la coutume de Boulonnais
une possession de vingt ans, *pour toute chose mobile
ou immobile*, enfin celle d'Oudenarde et celle de Berry,
la possession trentenaire.

7. Tel est le résumé rapide des règles relatives à la
prescription des meubles dans notre ancienne jurisprudence ; on voit combien elles différaient selon les provinces et combien l'une des premières pensées de l'As-
semblée constituante, la rédaction d'un corps de lois
uniformes pour toute la France, était fondée, quant à
cette matière, entre mille autres, sur la nécessité la plus
évidente.

Toutefois, au milieu de cette diversité, on remarquait
aisément trois systèmes de législation : en premier lieu,
la prescription triennale du droit romain adoptée par
plusieurs coutumes et par un petit nombre des pays de

---

(1) Art. 284. — (2) *Rubriq.* xv, art. 2. — (3) *Des prescript.*, tit. ii,
art. 1 et 10. — (4) Art. 91.

droit écrit ; en second lieu, toutes les lois qui, dérogeant à la constitution de Justinien, avaient fixé un délai de cinq, de dix ou de trente ans ; enfin, dans une dernière catégorie, la grande majorité des coutumes qui n'avaient rien disposé quant à la prescription des meubles.

En présence de doctrines aussi multiples et aussi variées, les rédacteurs du Code Napoléon devaient choisir ; à laquelle d'entre elles allaient-ils donner la consécration légale dans notre codification moderne ?

8. Ils n'ont adopté aucune d'elles ; négligeant les suggestions des siècles antérieurs, ils ont fait tomber leur choix sur une théorie entièrement neuve, marquée au sceau du progrès et empreinte de la plus sage hardiesse : ils ont effacé tout délai pour la prescription mobilière.

Cependant cette théorie, que j'appelle avec raison une théorie nouvelle, vu que, pour la première fois, elle était proclamée par un législateur, n'émane point des jurisconsultes qui ont édifié le corps de nos lois civiles ; elle n'est point née au sein du conseil d'État, non, elle est beaucoup plus ancienne, et, sans l'avoir créée, les Cambacérès, les Portalis, les Tronchet ont eu seulement le mérite de comprendre sa valeur, de la produire au grand jour et de l'étendre à tout le territoire.

C'est à la jurisprudence d'un tribunal célèbre, le Châtelet de Paris, qu'il faut demander l'origine première du système nouveau admis par notre Code ; c'est à la doctrine des commentateurs de la coutume de Paris, au xviiiᵉ siècle, et surtout à l'illustre auteur du *Droit commun de la France*, qu'a été empruntée la formule assez vicieuse, il le faut dire, qui en est l'expression dans notre loi actuelle.

Voyons donc comment ce tribunal et ces auteurs en vinrent à reconnaître que l'usucapion des meubles était dispensée de tout laps de temps, comment ils adoptèrent une telle doctrine qui, à sa naissance, dut paraître bien étrange aux adeptes du droit romain ou de la législation coutumière.

9. Je rappellerai en premier lieu une cause médiate, éloignée, une cause matérielle en quelque sorte, mais qui n'en a pas moins sa valeur ; je veux parler simplement du silence que la coutume de Paris avait gardé sur la matière. Si cette fameuse coutume, qui sur tant de points a pénétré dans le Code Napoléon, eût indiqué, en termes clairs et formels, que les meubles se prescrivent par une possession d'un, de deux ou de trois ans, je ne crois pas être téméraire en affirmant que ni la jurisprudence ancienne, ni le droit moderne n'auraient voulu rejeter un délai aussi rationnel.

Mais les choses n'en étaient point là, et si l'on jette les yeux sur les commentateurs de la coutume de Paris, on voit que le silence de la coutume avait engendré une controverse des plus vives et, il faut l'avouer, une controverse interminable. « Je dois reconnaître, disait Pothier, que la question de savoir si la prescription triennale a lieu dans les coutumes qui ne s'en sont pas expliquées, est encore très-problématique (1). » Comment aurait-elle cessé de l'être, puisque la loi qui seule pouvait la décider était muette à son égard.

Aussi, combien de jurisconsultes illustres, se transformant en législateurs, s'étaient efforcés d'établir leur opinion personnelle comme une décision souveraine ! Combien de fois les tribunaux avaient retenti de contestations à ce sujet ! et toutes les fois que la cause revenait à l'audience, chaque avocat trouvait à abriter son système derrière le rempart d'une myriade de citations. Fallait-il soutenir que la coutume admettait la prescription triennale, on invoquait Brodeau (2), Ferrières (3), Pocquet de Livonnière (4), Duplessis (5), Dunod surtout qui, dans son remarquable *Traité de la prescription* (6), affirmait que *cette idée était communément reçue dans le royaume.* Fallait-il soutenir que la coutume rejetait la prescription triennale, on invoquait vingt docteurs (7) qui affirmaient, à l'inverse, que *la prescription trentenaire formait le droit commun des pays coutumiers.*

11. Entre ces deux flots d'opinions contraires, que décidait la jurisprudence ? Le *Répertoire* de Merlin nous a conservé un arrêt du parlement de Paris qui admet la

---

(1) *Traité de la prescription*, art. 8. — (2) Sur Paris, art. 118, n° 2. — (3) Sur Paris, art. 118. — (4) *Règles du droit français*, p. 214. — (5) *Traité de la prescription*, chap. I. — (6) Pag. 150. — (7) On peut voir leurs noms dans le *Répert.* de Merlin, V° *Prescription*, sect. 2, § 6.

prescription trentenaire. Voici comment en rend compte
l'auteur de l'article : « En 1718, le sieur de Montargis
s'était rendu adjudicataire de la terre du Bouchet, qui
était saisie réellement sur le sieur du Bosc. Il y avait
dans le château de cette terre une galerie où étaient
douze bustes représentant les douze empereurs romains.... En 1736, la veuve du sieur du Bosc prétendit
que ces bustes ne faisaient pas partie de la terre du
Bouchet, et les fit saisir comme meubles en vertu des
créances qu'elle avait sur la succession de son mari.
Sentence des requêtes du Palais, du 5 avril 1737, qui
confirme cette saisie et ordonne la vente des statues,
pour les deniers en être appliqués au payement des
créances de la dame du Bosc. Appel par le sieur de
Montargis. Il soutenait qu'il se trouvait à l'abri de la
demande par une prescription six fois réitérée, puisqu'il
ne faut, disait-il, que trois ans pour prescrire les objets
mobiliers. La dame du Bosc répondait en citant ces
paroles de Rousseaud de Lacombe : *qu'en France on
ne suit pas le droit romain pour la prescription des
meubles par trois ans, et que, dans les coutumes
qui ne parlent point de meubles, le délai de la prescription est de trente ans.* Sur ces moyens, arrêt
rendu le 11 juillet 1738, et la sentence qui avait rejeté
la prescription fut confirmée (1).

Malheureusement, cet arrêt si explicite ne put ter-

(1) *Répertoire*, lieu cité.

miner la controverse ; beaucoup de jurisconsultes posté-
rieurs revinrent dans leurs ouvrages à la prescription
triennale, et bien des fois le Châtelet de Paris dut
rendre de nouvelles sentences. S'il me fallait donner ma
voix dans un tel débat qui ne présente plus qu'un intérêt
historique, je me rangerais sans hésiter au système de
l'arrêt du parlement. L'article 118 de la coutume s'exprimait ainsi : « Si aucun a possédé héritage, ou rente,
ou *autre chose prescriptible....* » or, comme on le
remarque tout de suite, ces termes ou *autre chose
prescriptible* sont des termes généraux qui compren-
nent les meubles aussi bien que les immeubles.

Ce qui entretenait la lutte des auteurs, c'était que la
raison économique et législative combattait vivement
l'interprétation naturelle de la loi. J'ai déjà rappelé,
en citant Pothier, que nombre de choses meubles
n'ayant pas une durée de trente ans, exiger un pareil
délai pour leur prescription, c'était en réalité les rendre
imprescriptibles ; mais, d'autre part, ajoutait le même
jurisconsulte, les choses meubles étant de nature à passer
successivement en un très-grand nombre de mains, si
la revendication en était admise pendant un temps aussi
long, ce serait donner lieu à des procès interminales (1).

Ces raisons étaient extrêmement puissantes, sans
doute; elles se présentaient avec toute leur force à la

_____

(1) *Traité de la prescription*, art. 3.

raison profonde de notre ancienne magistrature, et à une époque où les Cours souveraines, héritières des attributions prétoriennes, modifiaient par des arrêts de règlement la jurisprudence la plus légale, personne n'eût trouvé extraordinaire qu'un parlement vînt consacrer la prescription triennale ou toute autre, par voie de disposition réglementaire.

12. L'impulsion ne partit point de si haut; ce furent les magistrats d'un tribunal inférieur, les juges du Châtelet qui, sans pouvoir régulier, modifièrent timidement et d'une manière indirecte la disposition défectueuse de la coutume.

Ils avaient sans cesse à statuer sur des actions en revendication de choses mobilières, contestations qui les jetaient habituellement dans une étrange perplexité ; ici, en effet, nul titre sur lequel ils pussent fonder leur décision ; car, le plus souvent, la propriété des meubles se transmet sans aucun acte écrit ; il leur fallait recourir à la preuve testimoniale, toujours suspecte et peu en faveur dans la jurisprudence de l'époque ; il leur fallait chercher dans des circonstances insignifiantes l'appréciation de la bonne ou de la mauvaise foi des parties, et d'autre part, si en s'appuyant sur des indices douteux, ils en venaient à reconnaître le bien-fondé de la demande, ils entrevoyaient que leur jugement serait probablement frappé d'appel, puisque le délai de la prescription était incertain dans la doctrine et non indiqué dans la loi.

Enfin, s'ils prononçaient l'éviction au profit du demandeur, c'étaient des garanties innombrables, et à propos d'une valeur mobilière fort limitée, intervenait toute une série de demandes récursoires dont les frais réunis atteignaient vingt fois le prix de l'objet revendiqué.

13. En présence de tels inconvénients, ils étaient fort tentés d'éluder la loi et voici comment ils s'y prirent : . de tout temps, la possession avait été en faveur du défendeur une grave présomption de propriété, et certes c'était une présomption éminemment juste ; toutefois, la preuve contraire était admise et la présomption pouvait tomber devant elle. Cela posé, voyant que dans le cas de revendication mobilière la preuve contraire était habituellement vague, insuffisante ; que, d'autre part, en la supposant certaine, elle entraînait des conséquences fâcheuses, le Châtelet proposa de transformer la présomption établie en une véritable prescription, telle que, si elle était invoquée, aucune allégation contraire ne pourrait se produire.

14. Cette théorie toute nouvelle s'avança d'abord douteuse et incertaine ; on n'osait affirmer ouvertement que de la possession d'un meuble, il fallait nécessairement conclure à la propriété ; mais, sans aller jusque-là, on appuyait avec grande insistance sur l'immense avantage que le possesseur d'un objet mobilier, actionné en re-

vendication, trouvait devant les tribunaux dans la possession même de cet objet.

Ecoutons l'illustre Cochin dans un de ses plaidoyers :
« Les meubles, dit-il , et autres effets de la même
qualité s'acquièrent par la seule tradition ; *il ne faut
point d'autre titre, pour en être reconnu propriétaire,
que la possession même ;* ils passent de main en main
dans le commerce, sans contrat et sans aucun acte par
écrit, en sorte que le possesseur de sa part n'a rien à
justifier et qu'il faudrait, au contraire, *un titre bien
clair et bien formel pour pouvoir le réclamer à son
préjudice.* »

« Ce principe ne peut être équivoque, quand l'effet
mobilier est revendiqué par un étranger qui n'a aucun
prétexte de s'appliquer la possession de l'objet contesté ;
s'il ne vient armé d'*un titre*, il faut nécessairement
qu'il cède à la force d'une possession constante. » (1)

Ce passage, où éclate une singulière contradiction,
est un exemple curieux de la marche, d'abord hésitante,
d'une théorie qui vient de naître ; le grand avocat, imbu
sans doute des usages du Châtelet, affirme d'abord
*qu'en fait de meubles, il ne faut point d'autre titre
pour en être reconnu propriétaire, que la possession
même ;* puis il se rétracte comme effrayé du paradoxe
qu'il a laissé échapper, et en se rétractant, il dément,
ni plus ni moins, tout ce qu'il vient de dire, *un titre*

_____

(1) Cochin, Œuvres, tom. III, pag. 461.

*bien clair et bien formel suffit pour que le proprié-*
*taire triomphe du possesseur.*

Etrange manière de raisonner qui serait vraiment
incompréhensible, si l'on ne connaissait l'état des
esprits, si l'on n'entrevoyait, pour ainsi dire, sous ces
expressions, l'arrière-pensée de la jurisprudence. Du
reste, Cochin n'est point le seul qui ait tenu ce singulier
langage.

Si l'on s'adresse à l'un de ses contemporains, pro-
cureur au Châtelet, à Denizart, que trouve-t-on dans sa
modeste encyclopédie, sous la rubrique de la *prescription des meubles?* (1) « La Coutume de Paris n'a point
« réglé, et je n'en connais pas qui fixe le temps pendant
« lequel il faut posséder un meuble pour en acquérir
« la propriété (2). Nous tenons au Châtelet pour maxime
« certaine que celui qui est en possession de meubles,
« bijoux et argent comptant en est réputé propriétaire
« s'il n'y a titre contraire. »

Certes, si l'auteur a la prétention de nous exposer
une idée neuve en disant que le possesseur d'un meuble en est réputé propriétaire s'il n'y a titre contraire,
il se trompe fort ; ce n'est vraiment pas la peine de
dire que c'est là une maxime certaine du Châtelet, et
de la restreindre aux meubles ; car depuis deux mille

---

(1) V⁰ *Prescription*, tom. II. — (2) En vérité, il eût suffi à Denizart
du coup-d'œil le plus superficiel sur un coutumier général pour ne pas
avancer une aussi lourde erreur.

ans, le possesseur d'un bien quelconque en est réputé propriétaire s'il n'y a titre contraire.

Mais, sous cette assertion presque naïve, se cache une pensée sûrement nouvelle; c'est toujours la même contradiction, la même hésitation d'accuser hautement et sous des formes précises une théorie qui sera bientôt consacrée.

15. J'arrive au premier auteur qui l'ait exprimée sans réticence, avec son vrai caractère et son immense portée; je veux parler de Bourjon (1). Je citerai religieusement toutes les paroles de ce jurisconsulte, parce que dans la controverse qui s'est élevée de nos jours sur l'interprétation de la maxime *en fait de meubles, la possession vaut titre*, les représentants des systèmes contraires ont tous reconnu que c'est à lui qu'ont été empruntées les expressions de l'article 2279.

« La prescription, dit-il, n'est d'aucune considération; elle ne peut être d'aucun usage quant aux meubles, puisque, par rapport à ces biens, la simple possession produit tout l'effet d'un titre parfait, principe qui aplanit les difficultés que le silence que la Coutume a gardé sur cette prescription faisait naître; en effet, quelques-uns prétendaient que, pour acquérir cette prescription, il fallait une possession de trente ans; mais cela n'était pas raisonnable, vu que, pour les immeubles,

_____

(1) Tom. 1, pag. 458, 459 et 1091.

lorsqu'il y a titre et bonne foi, elle ne requiert entre présents qu'une possession de dix ans, inconvénient qui avait conduit d'autres à dire que, conformément à la disposition des Instituts, il fallait pour prescrire une possession de trois ans. Ces contradictions cessent par le principe adopté et qu'on vient de poser.......... Suivant la jurisprudence du Châtelet, la possession d'un meuble, ne fût-elle que d'un jour, vaut titre de propriété, sauf l'exception ci-après (1). Duplessis estime qu'avec bonne foi il faut trois ans pour prescrire la propriété d'un meuble et trente ans lorsqu'il n'y a pas de bonne foi ; Brodeau est du même sentiment ; j'ai *toujours vu cette opinion rejetée au Châtelet.*

« ....... Venons à l'exception qu'on a déjà annoncée ; la chose furtive peut-être revendiquée partout où on la trouve ; c'est la seule exception qu'on puisse apporter à la règle ci-dessus (*que la possession d'un meuble, ne fût-elle que d'un jour, vaut titre de propriété*). »

Il paraît que ce système nouveau fut accueilli avec faveur, car nous le voyons s'étendre rapidement et dépasser bientôt le ressort du Châtelet. Bourjon l'avait nettement formulé pour la première fois en 1741, époque à laquelle il publia le *Droit commun de la France*, et dès cette même époque, dans son introduction au titre XIV de la Coutume d'Orléans, Pothier, résumant sans

---

(1) Celle de vol.

doute la jurisprudence du présidial de cette ville, se faisait l'interprète de la même doctrine (1).

16. Puisque j'ai parlé de Pothier, j'insisterai sur l'opinion d'un génie aussi distingué ; personne n'ignore qu'il fut, selon l'expression consacrée, le guide perpétuel de nos législateurs ; connaître à fond sa pensée, c'est souvent connaître aussi à fond celle des rédacteurs de nos lois civiles.

Or Pothier a parlé de la prescription des choses mobilières dans deux ouvrages différents ; une première fois dans un Traité spécial de la prescription, qui n'est point un de ses chefs-d'œuvre, et une seconde fois dans le Commentaire qu'il composa sur la coutume d'Orléans. Les opinions que contient sur la prescription mobilière chacun de ces ouvrages sont complètement opposées. Dans le premier, en effet, l'illustre jurisconsulte adopte, par une interprétation un peu trop large de sa coutume, la prescription triennale, et en même temps il regarde comme fort difficile, tout en le regrettant au point de vue législatif, d'admettre une telle prescription dans la coutume de Paris, qui, dit-il, n'ayant pas fait de distinction, a voulu consacrer pour les meubles la prescription trentenaire.

Au contraire, dans l'introduction au titre XIV de la coutume d'Orléans, il enseigne une doctrine qui est purement et simplement de Bourjon. « Notre coutume, dit-il, ne s'est pas expliquée sur la prescription à l'effet d'acquérir les choses mobilières ; il n'est pas bien dé- cidé si la prescription de trois ans avec titre et bonne foi, qui avait lieu par le Droit civil, a lieu dans notre Droit français....... Il est rare qu'il y ait lieu à la ques- tion, le possesseur d'un meuble en étant parmi nous présumé le propriétaire, sans qu'il soit besoin d'avoir recours à la prescription, à moins que celui qui le réclame et s'en prétend propriétaire, ne justifiât qu'il en a perdu la possession par quelque accident, comme par un vol qui lui en aurait été fait, auquel cas il ne pourrait avoir lieu à cette prescription de trois ans, qui, aux termes du droit, n'a pas lieu pour les choses furtives. »

On a reproché à Pothier une aussi grave contradic- tion (1), et malheureusement ce n'est pas la seule qui existe chez lui dans cette matière. Mais n'y aurait-il pas possibilité de défendre ce judicieux auteur en sou- tenant que si, dans son *Traité de la prescription*, il parle de la prescription triennale ou de la prescrip- tion trentenaire, c'est qu'il résume simplement la doc- trine des auteurs anciens et, qu'au contraire, dans son *Commentaire sur la Coutume d'Orléans*, qu'il publia avec Jousse et Prévost de la Janès, il fut naturellement conduit par le caractère de ce travail à y énoncer les

_____

(1) V. M. Troplong, *Prescript.*, t. II, n° 1058.

données pratiques d'une jurisprudence toute récente (1).

La négligence de cet illustre auteur est extrêmement regrettable ; on verra plus loin qu'elle a servi de prétexte à une des plus graves erreurs d'interprétation qui aient échappé à un grand jurisconsulte de notre siècle.

17. Jusqu'à présent j'ai reproduit les passages d'anciens écrivains dans lesquels il m'a été possible de trouver l'origine de la maxime *en fait de meubles, la possession vaut titre*. Avant d'aller puiser, dans les travaux préparatoires du Code Napoléon, les dernières lumières propres à expliquer la naissance de cette règle et son admission dans notre droit nouveau, je veux rappeler certains caractères de la législation des coutumes en ce qui concerne la prescription des meubles.

En premier lieu, l'ancienne action possessoire que le droit romain appelait *interdictum utrubi* est rejetée par notre droit national : « Aucun, disait la Coutume « de Paris (2), n'est recevable de soi complaindre et « intenter les cas de nouvelleté pour une chose mobi-

---

(1) Malgré cette explication trop peu ingénieuse, la contradiction de Pothier demeure vraiment étrange. C'est en 1740, lorsqu'il écrivait son *Commentaire* de la Coutume d'Orléans, qu'il se montre partisan de la doctrine nouvelle (je sais que les paroles citées plus haut émanent de la plume d'un de ses collaborateurs et non de la sienne; mais enfin, il les a acceptées), et dans son *Traité des prescriptions*, postérieur de quelques années, on croirait qu'il ne se souvient plus de l'opinion qu'il a soutenue. Lorsqu'il parle de la prescription des choses volées, sa versatilité est encore plus étrange. V. *infra*, pag. 35. — (2) Art. 97.

« lière particulière, mais bien pour universalité de
« meubles, comme en succession mobilière. » Même
disposition dans la Coutume d'Orléans (1) et dans presque toutes celles du royaume. L'action possessoire
n'était pas même admise dans les provinces de droit
écrit, « parce qu'en effet les meubles ne sont pas assez
considérables pour produire une action séparée au sujet
de leur simple possession, laquelle se décide en même
temps que la question de propriété (2). »

Je parlerai en second lieu de la prescription des
choses volées ; suivant le droit romain, quels que fussent le titre et la bonne foi de leur possesseur, il n'y
avait pas pour elles d'usucapion possible : *rei furtivæ
æterna auctoritas esto*.

Cette disposition, de même que la précédente, ne
fut admise ni dans les pays de droit coutumier, ni
dans les provinces de droit écrit (3) ; « elle me parait,
« disait Pothier (4), être un droit purement arbitraire,
« et je ne vois rien dans les principes du droit naturel
« qui doive empêcher le possesseur de bonne foi d'une
« chose furtive de l'acquérir par prescription. » Il est
vrai que, dans un autre ouvrage, Pothier se contredit
encore et revient au précepte du droit romain (5) ; mais
c'est une inexactitude évidente.

Quant à la prescription nécessaire pour acquérir la

---

(1) Art. 489. — (2) Serres, *Instit.* au droit français, liv. IV, tit. XV,
§ 2. — (3) Serres, liv. II, tit. VI, § 2. — (4) *Traité de la prescription*,
n° 204. — (5) Introduct. au tit. XIV de la Coutume d'Orléans.

propriété des choses furtives, c'était, bien entendu,
celle de trente ans « *qui couvre tout* (1). »

18. Il me reste, en dernier lieu, à rechercher dans
la doctrine ancienne les principes que le Code Napoléon a formulés dans l'art. 2280. La tâche sera facile,
car notre législateur a simplement reproduit une jurisprudence constante et universellement reçue par tous
les parlements du royaume.

La prescription des choses volées étant admise et un
délai quelconque étant requis pour s'en prévaloir, ne
fallait-il pas défendre contre la revendication du véritable propriétaire le tiers-acquéreur dont la bonne foi
était d'une évidence incontestable, et qui n'avait pu, en
aucune sorte, connaître le vice de la chose vendue?
Tel était, par exemple, le cas où l'objet mobilier aurait
été acheté dans une foire ou dans un marché public.

Dès le commencement du XVIᵉ siècle, nous voyons
la jurisprudence répondre affirmativement, et les arrê-
tistes nous ont conservé un grand nombre de décisions
des parlements de Paris (2), de Bourgogne (3), de
Toulouse (4), de Dauphiné (5) et de Provence (6), qui
consacrent uniformément la même doctrine. Le prési-
dent de Lamoignon s'en était montré le partisan dans

---

(1) Serres, lieu cité. — (2) Denizart, Vᵒ *Vol.* — (3) Raisand, sur l'art.
5, tit. ɪ de la Cout. — (4) Larocheflavin, liv. ɪ, tit. ɪɪɪ, art. 3. — (5) Chorier, *Jurisprudence de Guy-Pape*, pag. 236. — (6) Boniface, part. 3,
liv. ɪ, tit. v, chap. ɪɪɪ

ses arrêtés ; on s'accordait à reconnaître au possesseur le droit de repousser la revendication du propriétaire, laissant uniquement à celui-ci une action ordinairement illusoire contre le voleur.

Notre législateur, comme je l'expliquerai plus loin,
tout en s'inspirant de ces idées et tendant au même
but que les arrêts des parlements, a suivi une marche
un peu différente ; il permet au propriétaire de revendiquer l'objet mobilier, mais sous la condition de rem-
bourser préalablement au tiers qui en est saisi le prix
qu'il lui a coûté (1).

19. Je ne pousserai pas plus loin l'étude de l'ancienne jurisprudence, quoiqu'une main plus studieuse
que la mienne puisse trouver encore bien des renseigne-
ments utiles sur les rayons poudreux de nos bibliothèques ; j'arrive à la grande œuvre de notre siècle : je veux
parler du corps de nos lois civiles que son promulga-
teur édictait en 1804.

La prescription des meubles a été presque la dernière de ses préoccupations ; elle est indiquée dans les
derniers articles de son ouvrage. La rédaction des textes
légaux ne laisse rien à désirer ni pour la clarté, ni
pour la précision ; il n'y a guère que la maxime *en fait*

(1) V. *infra*, pag.

*de meubles, la possession vaut titre*, qui soit malheureusement trop équivoque.

Quant aux travaux préparatoires, leur concision et
leur insuffisance sont fort regrettables, surtout quand on
songe à l'influence qu'ils doivent avoir sur l'interprétation
de la loi ; les discussions au Conseil d'État sont extrêmement courtes : les discours des orateurs du gouvernement et du tribunal ne sont guère que la reproduc-
tion des articles du projet ; on dirait « que le législateur,
succombant sous le poids de son œuvre immense, sou-
pire après l'instant d'arriver au port (1). »

Mais quelque insuffisants que soient ces discussions
et ces discours, ce serait une grande faute que de ne
pas utiliser le peu qu'ils contiennent ; il faut, au contraire, les étudier à fond pour que leurs brèves données
puissent nous faire bien entrevoir la pensée qu'elles
enveloppent.

Je citerai d'abord les paroles de l'orateur du gouvernement, M. le conseiller d'État Bigot-Préameneu, qui
s'exprimait ainsi devant le Corps législatif, le 17 ventôse
an XII :

« Le droit romain accordait sous le nom de *interdictum utrubi* une action possessoire à ceux qui étaient
troublés dans la possession d'une chose mobilière (2) ;

----

(1) M. Troplong, *Prescription*, préface. — (2) Malgré des expressions aussi formelles, un auteur a osé soutenir que l'action possessoire
mobilière devrait encore être admise aujourd'hui. V. *Revue de législat.*
t. XXII, pag. 371, article de M. Renaud.

maisdans le droit français on n'a point admis, à l'égard
des meubles, une action possessoire distincte de celle
de la propriété ; on y a même regardé le seul fait
de la possession comme un titre ; on n'en connaît ordinairement pas d'autre pour les choses mobilières ; il
est d'ailleurs le plus souvent impossible d'en constater
l'identité et de les suivre dans leur circulation de main
en main. Il faut éviter les procédures qui seraient sans
nombre, et qui, le plus souvent, excèderaient la valeur
des objets de la contestation. Ces motifs ont dû faire
maintenir la règle générale suivant laquelle , en fait de
meubles, la possession vaut titre.

« Cependant ce titre n'est pas tel, qu'en cas de vol
ou de perte d'une chose mobilière, celui auquel on
l'aurait volée ou qui l'aurait perdue n'ait aucune action
contre celui qui la possède.

« La durée de cette action a été fixée à trois ans ;
c'est le même temps qui avait été réglé à Rome par
Justinien (1) ; c'est celui qui était le plus généralement
exigé en France.

« Si le droit de l'ancien propriétaire est reconnu, la
chose perdue ou volée doit lui être rendue ; le possesseur a son recours contre celui duquel il la tient ; mais

---

(1) L'orateur exprime mal sa pensée ou il avance une idée inexacte,
car Justinien n'a point réglé le délai de la prescription des choses volées.
Sans doute M. Bigot-Préameneu veut dire que le délai de la prescription des choses furtives est celui que Justinien établissait pour la prescription des choses mobilières non furtives.

si ce possesseur l'avait achetée sur la foi publique, soit dans une foire ou dans un marché, soit d'un marchand vendant des choses pareilles, l'intérêt du commerce exige que celui qui possède à ce titre ne puisse être évincé sans indemnité ; ainsi, l'ancien propriétaire ne peut, dans ce cas, se faire rendre la chose volée ou perdue qu'en remboursant au possesseur le prix qu'elle a coûté.

« S'il s'agissait d'une universalité de meubles telle qu'elle échoit à un héritier, le titre universel se conserve par les actions qui lui sont propres. »

Tel est le commentaire législatif que nous transmet un des plus illustres rédacteurs du Code ; quelle que soit sa brièveté, il me semble être un exposé complet de la théorie nouvelle.

Je pourrais ajouter à ces paroles de l'orateur du gouvernement, celles de l'orateur du tribunat (1) ; dans plus d'une discussion, ces dernières sont un peu la contre-partie des premières ; mais pour ce qui touche notre titre, soit que le tribunat eût hâte d'en finir, soit que les idées proposées par les conseillers d'État lui parussent justes et sages, le discours du tribun n'est qu'un pâle reflet de celui du Conseiller d'Etat. Il serait inutile de le reproduire ici.

_____

(1) M. Goupil-Préfeln ; son discours fut prononcé trois jours après celui de M. Bigot-Préameneu, dans la séance du 24 ventôse an XII.

20. A la suite de ces discours, qui ne provoquèrent aucun débat sérieux, les articles qui, dans le projet, portaient les numéros 61 et 62, furent solennellement adoptés et le 26 ventôse an XII ils recevaient, en même temps que tout le titre de la prescription, la sanction et la promulgation qui en faisaient des lois exécutoires.

### ARTICLE 2279.

« En fait de meubles, la possession vaut titre ; néan-
« moins, celui qui a perdu ou auquel il a été volé une
« chose peut la revendiquer pendant trois ans, à compter
« du jour de la perte ou du vol, contre celui dans les
« mains duquel il la retrouve, sauf à celui-ci son re-
« cours contre celui duquel il la tient. »

### ARTICLE 2280.

« Si le possesseur actuel de la chose volée ou perdue
« l'a achetée dans une foire ou dans un marché public,
« dans une vente publique, ou d'un marchand vendant
« des choses pareilles, le propriétaire originaire ne
« peut se la faire rendre qu'en remboursant au posses-
« seur le prix qu'elle lui a coûté. »

21. En terminant cette étude historique, je veux rappeler que l'idée de faire produire à la possession légale d'un meuble la prescription instantanée des droits

des tiers au profit du détenteur n'était pas inconnue
dans notre très-ancienne jurisprudence ; je veux mon-
trer que c'est peut-être par un remarquable travail de
généralisation que la théorie de l'article 2279 s'est acquis une place dans la législation moderne, qu'au lieu
de l'établir d'abord comme une règle et d'en déduire
les conséquences immédiates, il semble que le Droit
français, allant du particulier au général, ait voulu
consacrer les conséquences pour ne reconnaître que
beaucoup plus tard le principe dont elles émanent.

On connaît cette maxime fameuse, répétée dans tous
les anciens auteurs « comme une règle et un pro-
verbe de pratique » (1) : *meuble n'a pas de suite par
hypothèque.* Un grand nombre de nos Coutumes l'appliquaient en ce sens qu'elles rejetaient l'hypothèque des
meubles d'une manière absolue, c'est-à-dire quant au droit
de suite et quant au droit de préférence ; ces Coutumes,
les plus avancées dans la voie du progrès, avaient compris
qu'il fallait écarter toute entrave à la libre circulation
des meubles, elles avaient compris que « si les meubles
avaient suite par l'hypothèque........ le commerce serait
grandement incommodé, même aboli presque tout-à-
fait, pour ce qu'on ne pourrait pas disposer d'une
épingle, d'un grain de blé, sans que l'acheteur en pût
être évincé par les créanciers du vendeur. » (2)

---

(1) Loyseau, *des Offices,* liv. III, chap. V, nos 23 et suiv. — (2) Loyseau
*ibid.*

Mais plusieurs Coutumes n'entendaient pas la règle d'une manière aussi absolue et reconnaissaient l'hypothèque des meubles en lui imposant une certaine mesure, en en limitant les effets (1) ; elles avaient été particulièrement frappées de la raison que Loyseau nous rapporte (2), et « comme cette raison, qui certes est la plus plausible, ne porte qu'à la suite de l'hypothèque concernant l'acheteur, et non à celle qui concerne le créancier postérieur », l'hypothèque des meubles était déclarée valable quant à la suite concernant le créancier postérieur, c'est-à-dire qu'entre créanciers hypothécaires le prix des meubles était distribué selon l'ordre des hypothèques ; mais elle était rejetée quant à la suite concernant l'acheteur, c'est-à-dire que, si les meubles hypothéqués étaient acquis par un tiers, l'acquéreur mis en possession n'avait pas d'éviction à craindre de la part des créanciers du vendeur.

Or, cette dénégation du droit de suite vis-à-vis de l'acquéreur était une prescription véritable, établie au profit de ce dernier, prescription fondée sur une possession légale et dispensée de tout laps de temps. C'était, en un mot, la prescription mobilière de l'article 2279.

Ne croirait-on pas, en effet, voir une déduction de la théorie de notre Code, lorsqu'on lit dans les Coutumes de Gand (3), de Courtray (4), de Furnes (5) et dans bien

---

(1) Coutumes de Normandie, de Maine, d'Anjou. — (2) Ci dessus, pag. 40. — (3) Chap. xix, art. 3. — (4) Chap. xi, art 6. — (5) tit. xxxvi, art. 6.

d'autres encore (1) cette disposition, répétée partout dans les mêmes termes : « Quiconque achète ou ac-« quiert autrement du propriétaire quelque meuble, et « dont il a obtenu la livraison et la possession de bonne « foi, il retient ledit meuble, quoique celui dont il l'a « acquis soit redevable à d'autres personnes si ce n'est « qu'il y eut auparavant arrêt, saisie ou autre acte de « justice fait dessus. »

Il est à noter que cette règle si remarquable se trouve toujours écrite sous la rubrique *des possessions et prescriptions;* d'où je conclus que les jurisconsultes coutumiers considéraient bien la possession légale d'un meuble comme opérant une prescription instantanée à l'égard des créanciers hypothécaires. Or, pour passer de cette opinion à cette autre que la possession légale d'un .meuble entraîne une prescription instantanée, non seulement vis-à-vis des créanciers prétendant un droit d'hypothèque, mais vis-à-vis de tous les tiers prétendant un droit réel quelconque, il n'y avait qu'un pas à faire, et à une époque où déjà tous nos légistes répétaient à l'envi que le crédit doit être sauvegardé, le commerce rendu tellement sûr que celui qui achète soit certain de rester propriétaire, l'esprit public accepta la théorie nouvelle sans la moindre résistance, sans remarquer peut-être la transition et le changement qui s'opéraient.

---

(1) Waës, chap. ii, art. 4, Voy. surtout Cout. du Maine. art. 436.

# CHAPITRE II.

## Interprétation de la maxime : En fait de meubles la possession vaut titre.

### SOMMAIRE

22. Sens équivoque de la maxime.
23. Interprétation proposée par Toullier.
24. Sa réfutation.
25. Interprétation proposée par certains arrêts qui voient dans la maxime une présomption *juris* et *de jure* applicable en toute matière.
26. Exemple tiré d'un arrêt de la cour de Paris.
27. Autre exemple tiré d'un jugement du tribunal de Mende réformé par la Cour de Nîmes.
28. Interprétation dominante dans la jurisprudence qui voit dans la maxime une présomption simple susceptible d'être combattue par la preuve contraire.
29. Erreur de cette doctrine.
30. Véritable interprétation de la maxime.
31. Arguments à l'appui.
32. Théorie de M. Troplong ; son inexactitude
33. La maxime de l'art. 2279 énonce-t-elle une présomption légale ou une règle de prescription (Voir la note).

**22.** Je ne crois pas qu'il existe en faveur de l'histoire du droit, et pour établir l'incontestable utilité de son étude, un meilleur argument que l'incertitude où nous serions plongés s'il nous fallait interpréter à la seule lumière de la raison la maxime *en fait de meubles, la possession vaut titre.* Ce n'est pas sans raison qu'un jurisconsulte plein de verve reprochait à notre législateur de s'être exprimé sur ce point à la manière des sibylles et d'avoir introduit, dans la formule d'une règle, d'un axiôme juridique qui doit, plus que toute autre parole législative, être lucide et intelligible, une ambiguité, une obscurité vraiment dignes des énigmes du sphinx.

*La possession vaut titre....* Et d'abord, quelle est cette possession ? S'agit-il de la détention physique d'un meuble ? S'agit-il, au contraire, de la possession légale avec tous les caractères que lui assigne l'art. 2229 ? *La possession vaut titre...* De quel titre s'agit-il et qu'est-ce que le législateur entend par cette expression ? Veut-il dire, en donnant aux mots leur signification usuelle, que la possession remplace l'*instrumentum*, l'écrit matériel destiné à constater l'acte juridique dont se prévaut le possesseur ? Veut-il dire que la possession remplace, non pas l'*instrumentum*, mais le mode de transmission dont l'*instrumentum* est la preuve, insinuant ainsi que la possession serait par elle seule un mode d'acquérir la propriété des meubles ? Veut-il dire enfin, non que la possession remplace d'une manière absolue le titre qui doit toujours exister, mais qu'elle supplée à l'inefficacité de ce titre (titre inefficace parce qu'il émane *à non domino*) et qu'elle transforme un titre insuffisant en un titre de propriétaire?

Chacune de ces idées a trouvé des auteurs pour l'exposer et la défendre? les uns exagérant la portée de la maxime, en l'étendant hors de la matière où elle s'applique, les autres la restreignant si bien qu'ils la rendent inutile et la détruisent.

23. Nul parmi ces derniers ne s'est fait, plus que Toullier, l'interprète d'une lourde et impardonnable erreur; après avoir émis sur une question de prescription mobilière la doctrine légale (1), ce jurisconsulte a cru devoir abandonner une opinion vraie et juridique pour soutenir, dans une longue dissertation (2), que sous l'empire de notre loi, les meubles se prescrivent encore par trois ans, mais qu'à la différence de l'ancienne législation, où il fallait au possesseur titre et bonne foi, le Code Napoléon en disant qu'en fait de meubles, la possession vaut titre « a rejeté très-sagement la nécessité d'un titre écrit, parce que, dans l'usage, la translation de propriété des meubles se faisait verbalement. »

Bien que Toullier nous dise « que la rédaction de l'art. 2279 n'étant pas claire, il a voulu, pour en saisir

---

(1) Si le mari sous le régime dotal vend les meubles non estimés ou mis à prix avec déclaration que l'estimation n'en ôte pas la propriété à la femme, la vente sera-t-elle nulle, la femme pourra-t-elle revendiquer tom. XIII, pag. 406. — (2) Tom. XIV (104-116).

le sens, rechercher les anciens principes, » il ne tient, en vérité, aucun compte du secours de l'histoire; il interprète les expressions de la maxime dans leur sens le plus grammatical, sans se souvenir de la théorie nouvelle dont cette maxime obscure était la formule (1). Ce qui est plus étonnant encore, il avoue que la maxime de l'art. 2279 est empruntée à Bourjon, qu'elle lui est empruntée jusque dans ses moindres termes, et après cet aveu décisif, il s'épuise en efforts stériles pour prouver qu'elle a été admise dans notre Code avec un sens différent de celui que lui donnait son véritable auteur.

24. Ce serait revenir utilement à l'étude de notre ancienne législation que de réfuter une à une toutes les fausses allégations avancées par Toullier; comme il s'est élevé dans la doctrine une lutte générale contre son système qui ne compte pas un seul adepte, comme la jurisprudence ne l'a jamais accepté, je me borne à répéter avec tous les auteurs que ce système est faux et faux trois fois pour une. Comment, si le législateur avait voulu dire que les meubles se prescrivent par trois ans, aurait-il choisi pour exprimer sa pensée une formule vraiment divinatoire, lorsqu'il trouvait un modèle d'une rédaction simple et précise dans le bon sens d'abord, puis dans un grand nombre de coutumes et dans une multitude d'auteurs? Comment, s'il a voulu rejeter la

---

(1) Il se fonde à tort sur Pothier. V. *supra*. p. 33.

théorie de Bourjon, a-t-il été assez maladroit pour reproduire jusqu'aux termes défectueux dont ce dernier
se servait pour l'exposer ? Enfin, ce qui est péremptoire,
la doctrine de Toullier se réfute par la seconde partie
de l'art. 2279 lui-même. Cette seconde partie renferme
une disposition exceptionnelle, une disposition qui
déroge à la maxime, quel que soit d'ailleurs le sens de
celle-ci ; or, cette disposition dérogatoire consiste en ce
que, dans les cas énoncés, les meubles se prescrivent
par trois ans. N'induit-on pas de là, avec toute la cer-
titude d'un raisonnement insurmontable, que les meubles
se prescrivent d'une manière quelconque, mais bien
sûrement ne se prescrivent pas par trois années? Dès
lors, nous demandons à Toullier s'il faut inventer au
gré de notre caprice un délai imaginaire, plutôt que
d'accepter une théorie pleine de sagesse et qui n'a
d'autre tort que celui d'être écrite dans une proposition
équivoque.

25. A la suite de l'interprétation de Toullier, nous
exposerons une autre doctrine tout aussi fausse, mais
bien plus dangereuse, vu qu'elle s'est acquis de trop
nombreux prosélytes, et que dans la jurisprudence certains arrêts l'ont fâcheusement admise. Cette doctrine
consiste à appliquer la maxime en toute matière, à
soutenir que la simple détention d'un meuble vaut titre
de propriété, sans exiger aucune condition accessoire;
à dire que « *hors le cas de vol ou de perte, nul ne*

*peut agir en revendication contre celui qui possède un meuble.* »

Au dire des partisans de cette doctrine « l'art. 2279 fait abstraction entière de l'origine de la possession ; il n'a aucunement en vue la tradition ou la délivrance de la chose par suite d'un contrat translatif de propriété ; » en un mot, dans un tel système, la possession la plus précaire est, en quelque sorte, assimilée au droit d'occupation, elle devient un mode d'acquisition, ou plutôt un mode légal de spoliation.

26. Je citerai comme exemple de cette extension exagérée de l'art. 2279 quelques-uns des nombreux arrêts où l'on peut en reconnaître la trace.

En 1812, les deux frères Decreps s'étaient associés pour une entreprise de voitures publiques. Au bout d'une année d'existence, la société fut dissoute et, peu de temps après sa liquidation, Decreps jeune intenta contre son frère une action en réclamation de sa part dans une voiture qu'il prétendait être restée indivise lors du partage. Decreps aîné, qui était en possession de la voiture, soutint que la possession établissait en sa faveur une preuve suffisante et absolue de sa propriété ; que, sauf le cas de perte ou de vol, toute revendication mobilière était repoussée par le premier paragraphe de l'art. 2279.

Jugement du tribunal civil de la Seine qui déboute Decreps jeune de sa demande et qui, avec toute la hardiesse de l'erreur, fonde son opinion sur ce motif laconique : « Attendu que Decreps aîné est en possession de la voiture, *et qu'en fait de meubles, la possession vaut titre.* »

Le jugement est frappé d'appel, mais la Cour de Paris maintient la décision des premiers juges ; elle accepte implicitement leur erreur, c'est-à-dire l'application de l'art. 2279 à l'espèce, et elle ajoute que « la règle en fait de meubles la possession vaut titre, établit en faveur du possesseur d'une chose mobilière une présomption *juris et de jure,* qui ne peut être combattue par la preuve contraire. »

La Cour de cassation (chambre des requêtes) à laquelle fut déféré l'arrêt de la Cour de Paris, rejeta le pourvoi. Il est difficile de s'assurer à la lecture des motifs si elle a été complice (1) de l'erreur signalée dans la décision qui lui était soumise ; mais, bien sûrement, elle a abdiqué sa mission légale lorsqu'elle a rejeté le pourvoi par la raison « que le premier tribunal et l'arrêt attaqué avaient reconnu, en appréciant les explications respectives des parties, que le principe général était applicable, *ce qui suffit pour justifier l'arrêt.* » Suffit-il donc, pour qu'un arrêt ne puisse être cassé, que la Cour qui l'a rendu ait déclaré les principes généraux applicables à la cause (2) ?

Est-il besoin de faire remarquer combien l'arrêt de

---

(1) M. Troplong, *Prescription,* t. II, n° 1045; Toullier, x , pag. 83, *ad notam.* — (2) Cass., 4 juillet 1810; Sirey, 1818, 1, 166.

la Cour de Paris est injustifiable? Il résout une question de partage en appliquant les principes de la prescription et en les appliquant faussement; il transporte l'article 2279, qui n'a d'autre but, comme nous le répétons bien souvent, que de déterminer le mode d'usucapion des choses mobilières, dans une affaire de société où le défendeur ne pouvait pas même s'en prévaloir, puisqu'un sociétaire ne saurait exercer sur un meuble social et à son profit personnel une possession utile et de bonne foi. En acceptant son système, il faudrait reconnaître que si, à l'époque d'une dissolution de société, l'un des sociétaires se trouve détenteur de tous les meubles sociaux, il pourra les retenir en toute propriété (1). Ne les possède-t-il pas, et la possession d'un meuble, n'est-ce pas aussi la propriété? On a dit avec raison, qu'en suivant cette voie, on fait revivre le droit du premier occupant.

27. Autre arrêt. Un sieur T.... avait mis en dépôt des bestiaux chez le sieur G..., à Châteauneuf, pour les vendre à la prochaine foire de ce pays; sur ces entrefaites, le sieur P..., créancier du dépositaire, fit pratiquer au domicile de ce dernier une saisie mobilière, dans laquelle les bestiaux déposés furent indûment compris.

(1) Dans l'espèce, la société était commerciale; comment la Cour interprétait-elle l'art. 64 du Code de commerce, aux termes duquel les actions contre les associés ne se prescrivent que par cinq ans? pensait-elle que ce texte ne s'applique qu'aux actions immobilières?...

Aussitôt le déposant intente une action en revendication, offrant d'établir par la preuve testimoniale et par l'aveu même du dépositaire que les bestiaux saisis étaient sa propriété. Le saisissant s'oppose à une telle preuve, prétendant que le saisi était forcément propriétaire des objets déposés, puisqu'il possédait ces objets et qu'*en fait de meubles, la possession vaut titre.*

Il était vraiment impossible d'avancer une prétention plus illégale ; c'était, en fin de compte, un dépositaire venant dire au déposant : « Je suis propriétaire des objets que vous m'avez remis, et par cela même que vous les avez déposés chez moi. » Cependant, les premiers juges admirent cette étrange doctrine : « Attendu « qu'en fait de meubles, la possession vaut titre, et « que, dans l'espèce, les bestiaux revendiqués ont été « trouvés dans la maison et en la possession du saisi (1). »

Le jugement fut réformé sur appel ; mais la Cour de Nîmes, au lieu d'effacer l'erreur du tribunal, la corrigea simplement par une autre erreur : au lieu de rappeler que la règle *en fait de meubles la possession vaut titre,* n'avait rien à faire dans la question, puisque la prescription ne pouvait être invoquée par personne, le dépositaire n'ayant ni juste titre, ni bonne foi ; au lieu de se fonder simplement sur l'art. 608 du Code de procédure qui, apparemment, s'appliquait à l'espèce, puisqu'il s'occupe des demandes en distraction d'objets

_____

(1) Tribunal de Mende.

saisis, ello déclara « que si, aux termes de l'art. 2279, en fait de meubles, la possession vaut titre, c'est là néanmoins uno présomption simple, qui peut être combattue par des preuves contraires et par la preuve testimoniale (1). »

Je pourrais rapporter encore d'autres décisions qui ont suivi les errements du jugement précité ; aux yeux des jurisconsultes qui les ont rendues, l'art. 2279 est fort mal placé dans le titre de *la prescription*; il aurait dû venir à la suite des art. 711 et 712; après avoir dit dans ces derniers que la propriété s'acquiert par donation, prescription, etc..., le législateur aurait ajouté dans une disposition spéciale : « *la propriété des meubles s'acquiert aussi par la simple détention.* »

28. J'arrive à une troisième interprétation dominante dans la jurisprudence, qui, pour échapper aux conséquences injustes de l'opinion précédente, a imaginé une doctrine encore plus fausse : après avoir dit formellement, comme dans l'arrêt de 1814, que détenir un meuble c'était dans les tous cas et nécessairement en être propriétaire, elle a ruiné cette prétendue règlo et s'est arbitrairement substituée à la loi en disant que l'art. 2279 n'était qu'une présomption simple contre laquelle toute preuve contraire pouvait être admise (2).

(1) Nimes, 22 août 1842; Sirey, 1843, 2, 75. — (2) Sirey, 1830, 2, 188; 1829, 2, 331; Dalloz, 1831, 2, 151; 1834, 2, 49.

29 Mais, en acceptant cette idée, que restera-t-il de l'art. 2279? Rien, absolument rien, sinon cette allégation naïve que, pour les meubles comme pour tout autre bien, le possesseur est présumé propriétaire s'il n'y a titre contraire; la maxime ne s'appliquera plus aux cas pour lesquels elle a été spécialement faite; car, avec l'admission de la preuve contraire, il est bien certain que si je possède un meuble qui m'a été vendu à tort par un *non dominus*, par un dépositaire ou un emprunteur, je ne pourrai, malgré mon juste titre et ma bonne foi, me prévaloir de ma possession contre une foule de témoignages que personne n'ira contredire et qui montreront jusqu'à la dernière évidence le propriétaire véritable.

Dira-t-on enfin que, dans les cas où la bonne foi est incontestable, les tribunaux décideront à leur gré si la preuve est ou n'est pas admissible? Mais c'est alors se jeter dans l'arbitraire et substituer à une loi certaine la souveraine appréciation d'un tribunal.

30. J'ai hâte de présenter la véritable interprétation de la loi.

Il ne faut point chercher dans l'article 2279 une idée, un principe général qui domine toute notre législation ; il ne faut y voir que l'explication et la paraphrase de l'article 2219; il ne faut y voir que la réglementation du mode de prescription des choses mobilières. Il n'y est point question d'une présomption légale ou d'une

présomption simple ; il y est question uniquement de
la transmission de propriété par la prescription qui n'est
point une présomption, mais « un mode d'acquérir ou
« de se libérer par un certain laps de temps et sous
« les conditions déterminées par la loi. » (Art. 2219.)

Cela posé, nous affirmons que, dans l'esprit du législateur, la maxime *en fait de meubles, la possession
vaut titre*, n'a pas d'autre sens que celui-ci : « le laps
« de temps requis pour l'usucapion des choses mobi-
« lières n'est point trois ans, ni un an, ni un mois, ni
« un jour ; c'est un simple instant de raison, quelque
« bref, quelque imperceptible qu'il soit. »

Sans doute on peut se récrier devant une telle interprétation et dire que le législateur s'est exprimé dans
un langage énigmatique ; nous l'avouons sans réserve ;
mais, sous ce langage énigmatique de la loi, il faut
chercher sa pensée véritable et nous prouverons que
cette pensée est évidemment celle que nous venons
d'écrire.

31. Pour le démontrer, nous nous appuyons sur
deux considérations toutes-puissantes : en premier lieu,
sur les précédents historiques auxquels il faut toujours
revenir comme à la source la plus sûre, et en second
lieu, sur la place même que l'art. 2279 occupe dans
notre Code.

J'invoque d'abord les précédents historiques. Lorsque l'auteur du *Droit commun de la France* écrivait
son obscur théorème, de quoi s'agissait-il dans sa

pensée? voulait-il modifier toutes les règles de la législation en donnant à la simple détention des meubles un effet inconnu jusqu'alors? voulait-il transformer l'ancienne présomption simple établie au profit du possesseur en présomption légale? Evidemment, non; il n'avait d'autre but que de terminer une vieille controverse, que de fixer d'une manière définitive le délai de la prescription mobilière. Depuis plus de deux cents ans il y avait dissidence entre les jurisconsultes sur le point de savoir si les meubles se prescrivaient par trois ans ou par trente ans, et Bourjon nous dit que, pour en finir, il propose, en se fondant sur la jurisprudence du Châtelet, d'anéantir tout délai et de reconnaître pour les meubles une prescription instantanée. C'est là tout ce que ce dernier a voulu dire, et les rédacteurs du Code, échos de sa doctrine et de ses mauvaises locutions, n'ont rien dit de plus.

Je trouve une preuve irréfragable de cette dernière assertion dans la place même que l'art. 2279 occupe au titre de la prescription. On connaît le plan de ce titre : après avoir défini la prescription et consacré quelques règles générales qui dominent toutes les prescriptions possibles, le législateur s'occupe, dans les deuxième, troisième et quatrième chapitres, de la possession et des caractères qu'elle doit avoir pour conduire à la propriété ; puis, dans le cinquième chapitre, il est question d'une dernière condition nécessaire pour prescrire : du laps de temps ; dans ce chapitre V, la loi parle d'abord de la prescription trentenaire (art. 2262), ensuite de celle

par dix ou vingt ans ( art. 2265), puis des prescriptions
de cinq ans ( art. 2277), de deux ans ( art. 2273 ), d'un
an ( art. 2272), de six mois (art. 2271 ), et enfin, suivant
toujours la progression décroissante, de la prescription
instantanée dans laquelle le délai est nul ( art. 2279).
C'est le cas de la prescription des choses mobilières.

Pourquoi donc vouloir trouver dans cet art. 2279
une disposition exceptionnelle, différente, quant à son
but, de celle des articles 2262, 2265 et 2272? Je crois
qu'il faut accuser de cette malheureuse tendance la formule énigmatique de la maxime : *en fait de meubles,
la possession vaut titre.* On a pensé que sous cet
aphorisme ténébreux devait se cacher quelque règle générale, quelque principe souverain !

En résumé, si l'on nous demande dans quels cas
l'art. 2279 est applicable, nous répondrons : « Il s'ap-
« plique lorsque, dans un procès en revendication d'une
« chose mobilière, le défendeur possède le meuble re-
« vendiqué; lorsque sa possession est une possession
« paisible, publique, non équivoque et à titre de pro-
« priétaire (art. 2229) ; lorsqu'il se fonde sur un
« juste titre et qu'il est de bonne foi (art. 2265);
« lorsqu'enfin il invoque formellement la prescription
« résultant des conditions précédentes, les juges ne
« pouvant d'office suppléer ce moyen (art. 2223). »

Telle est la saine interprétation de l'art. 2279; si
simple et si lumineuse qu'elle soit, ce n'est qu'après
bien des tâtonnements et des erreurs qu'elle s'est fait
jour dans la doctrine.

32. L'honneur d'en avoir été le premier interprète revient à Marcadé ; avant lui, sans doute, M. Troplong, en critiquant les arrêts que nous avons cités, avait montré que l'erreur de la jurisprudence consistait à décider par l'article 2279 des espèces auxquelles l'article n'était point applicable. C'était là une pensée pleine de justesse. Mais, formulant ensuite un critérium des cas où cet article pouvait et devait être invoqué, l'éminent magistrat avait dit : « qu'il fallait faire une distinction « capitale entre le cas où celui qui réclame un meuble « agit par une action personnelle ou mixte, fondée « sur un titre passé avec le possesseur, et le cas où, « agissant contre un tiers, il intente une action « réelle » (1). Cette distinction était, dans sa pensée, un guide toujours sûr pour faire de la maxime un usage opportun.

Mais, quelle que soit la déférence due aux opinions d'un jurisconsulte que Marcadé lui-même appelait le *Géant des interprètes du Code*, nous ferons remarquer que cette interprétation souvent répétée, souvent vantée comme incontestable (2), était au fond une solution insuffisante ; que, dans sa généralité, elle était même une solution fausse.

Dire qu'il y a lieu à l'application de l'art. 2279 par cela seul que l'action intentée contre le possesseur est

_____

(1) M. Troplong, *Prescript.*, t. II, nᵒ 1043. — (2) M. Devilleneuve.

une action réelle, ce n'est point dire, ce qui pourtant est la seule théorie véritable, que le possesseur ne peut se prévaloir de cet article qu'autant qu'il a valablement prescrit les objets revendiqués. Si, par exemple, étant de mauvaise foi, j'achète un meuble quelconque d'une personne qui n'en a pas la propriété, il est bien certain que, malgré ma mise en possession, je ne pourrai me prévaloir de l'art. 2279, lorsque le propriétaire véritable revendiquera contre moi le meuble vendu. Et cependant son action ne sera-t-elle pas une action réelle intentée contre un tiers-acquéreur?

La théorie de M. Troplong n'est donc point toujours exacte; au lieu d'indiquer le véritable critérium des cas d'application de l'art. 2279, elle s'attache à des circonstances qui ne sauraient être la raison de décider. Sans doute, lorsque l'action intentée contre le possesseur d'un meuble est une action personnelle, on peut présumer que celui-ci ne pourra invoquer la prescription, le titre du demandeur mettant d'ordinaire en évidence la précarité de la possession et la mauvaise foi du défendeur. De même, au cas d'action réelle, il est fréquent que le tiers-possesseur ayant juste titre et bonne foi ait prescrit la propriété; mais, au fond, le caractère des actions intentées n'est point ce qui motive ni ce qui indique l'application ou la non-application de l'article.

33. Je ferai observer encore que M. Troplong a tort de ne voir dans la règle, *en fait de meubles, la possession vaut titre*, qu'une présomption *juris et de*

*jure* (1); en effet, la maxime de l'article 2279 n'établit pas plus au profit du possesseur d'un meuble une présomption *juris et de jure* que l'article 2265 n'établit une présomption de cette nature au profit du possesseur d'un immeuble (2); dans l'un et l'autre cas, la

---

(1) N° 1052, sommaire. (2) Pour ne pas être accusé de subtilité, je n'avais d'abord point voulu insister sur cette opinion; mais depuis que j'écrivais ces lignes, j'ai trouvé, soit dans la thèse de doctorat de M. Morck, soit surtout dans celle de M. Carel, une telle insistance à répéter que la maxime de l'art. 2279 contient une présomption légale et non point une règle de prescription, une telle animation contre les mots si justes de *prescription instantanée* employés par Marcadé dans son Commentaire, que je dois présenter quelques motifs pour appuyer ces dernières expressions.

Notons bien, au reste, que nous entamons une discussion de mots, un débat sur des têtes d'épingles; j'ai vainement cherché un résultat différent, selon que l'on admettrait l'une ou l'autre opinion.

La maxime de l'art. 2279 est-elle la formule d'une présomption légale?

Est-elle la formule d'une véritable prescription?

En premier lieu, il existe une école entière de jurisconsultes pour lesquels toutes les prescriptions possibles ne sont que des présomptions légales d'une cause antérieure d'acquisition ou de libération; pour ceux-là, sans doute, la maxime de l'art. 2279 ne sera qu'une présomption légale; mais encore faudra-t-il la faire rentrer dans la classe des présomptions qu'ils appellent prescriptions.

Pour ceux, au contraire, qui voient dans la prescription, comme le Code lui-même, un véritable mode d'acquérir ou de se libérer sous certaines conditions déterminées par la loi, ne doit-on pas dire que l'art. 2279 règle un mode d'acquérir ou de se libérer analogue, sinon identique à celui consacré par les art. 2262 et 2265?

Non, dit M. Carel, car, sous l'ancienne jurisprudence, Bourjon, proposant sa nouvelle maxime, disait que la prescription pour les meubles ne serait plus d'aucune considération, puisque la possession vaudrait titre de propriété.

Au fond, le raisonnement que M. Carel emprunte à Bourjon et qu'il répète lui-même un peu plus loin est celui-ci : « La maxime de l'art.

prescription n'est point une présomption légale d'une cause d'acquisition; elle est, d'après la définition lé-

---

2279 n'est point une règle de prescription, car toute prescription comporte un laps de temps et la maxime *en fait de meubles*, etc., n'admet pas de délai. »

A cela je réponds : De même que je conçois très-bien une prescription d'un mois et une prescription d'un jour, je conçois très-bien aussi une prescription qui, ayant tous les autres caractères des prescriptions ordinaires, ne comporte cependant aucun délai; bien plus, si l'on veut recourir à des arguties et m'objecter l'art. 2219, qui définit la prescription un mode d'acquérir *par un certain laps de temps*, je répondrai par une autre subtilité, en disant que la prescription de l'art. 2279 exige un certain laps de temps; c'est une minute, c'est moins encore ; mais toujours faut-il que la possession ait été remise à l'acquéreur et exercée par celui-ci pendant *un certain laps de temps*, quel que soit sa durée.

Enfin, j'attaquerai à mon tour l'opinion contraire.

Les meubles, lui demanderai-je, constituent-ils des choses prescriptibles? Évidemment oui. S'ils constituent des choses prescriptibles, le législateur a dû réglementer leur mode de prescription, et c'est, il me semble, dans l'art. 2279, placé sous le titre même de *la prescription*, qu'il l'a fait. Donc cet article contient une règle de prescription et rien de plus.

D'autre part, si vous ne voulez voir dans la maxime qu'une simple présomption légale toute différente de la prescription, vous vous jetez bénévolement dans des embarras inextricables; les présomptions légales sont de droit strict; elles ne demandent, pour être appliquées, que le concours des conditions limitativement indiquées par le législateur. Or, trouverez-vous que la maxime *en fait de meubles* exige quelque part le juste titre? trouverez-vous qu'elle exige la bonne foi ? Vous serez obligés d'ajouter aux conditions requises pour l'application d'une présomption légale.

Comment établirez-vous que les juges ne pourront appliquer d'office l'art. 2279 (art. 2223)? Je l'ignore, car il me semble que les présomptions légales sont, au contraire, la première loi des juges, et qu'ils doivent y recourir dès qu'ils reconnaissent leur application possible. Comment établirez-vous vingt autres règles qui viendront, au contraire, très

gislative (art. 2219), une véritable cause d'acquisition de la propriété.

naturellement, si l'on rapporte l'art. 2279 aux dispositions générales de la prescription?

Enfin, même dans le langage et dans les écrits de mes adversaires, je vois à chaque instant que les meubles se *prescrivent*, que leur *prescription* est une prescription spéciale.... Au lieu de tomber dans des contradictions semblables, ne ferait-on pas mieux de reconnaître la véritable pensée de la loi et d'admettre les mots si exacts et très-expressifs aussi de *prescription instantanée?*

# CHAPITRE III.

## Des cas d'application de la maxime.

## SECTION PREMIÈRE.

### A quels meubles elle s'applique.

#### SOMMAIRE.

34. La maxime ne s'applique qu'aux meubles individuels.
35. Interprétation du mot *Meuble*.
36. La maxime s'applique-t-elle aux navires?
37. S'applique-t-elle aux meubles incorporels, aux créances? Raisons pour l'affirmative.
38. Arguments à l'appui de l'opinion opposée, consacrée par la jurisprudence.
39. *Quid* de certains cas où aucune faute n'est imputable au cessionnaire de la créance ?
40. Des titres au porteur.
41. La maxime s'applique-t-elle aux manuscrits?
42. Des autographes.
43. Des manuscrits d'ouvrages non édités.
44. Des lettres missives.
45. Des portraits de famille et autres meubles insaisissables qui ont plutôt une valeur morale qu'une valeur vénale.
46. Des fruits non encore recueillis.

34. Bien qu'en cette matière les travaux préparatoires du Code nous aient clairement indiqué la pensée
du législateur, de vives controverses se sont élevées
dans la jurisprudence, dont les décisions sont extrêmement nombreuses.

Rappelons d'abord quelques solutions qui ne font
aucun doute.

En premier lieu, la règle de l'art. 2279 ne s'applique qu'aux meubles individuels. On comprend sans
peine que les considérations de crédit et d'intérêt général qui ont motivé l'admission de la maxime pour
les meubles individuels n'avaient rien d'applicable aux
cas d'acquisitions à titre universel. Et, d'ailleurs, comme
le faisait observer avec justesse M. Bigot-Préameneu,
dans son *Exposé des motifs*, « lorsqu'il s'agit d'une universalité de meubles telle qu'elle échoit, par exemple,
à un héritier, le titre universel se conserve par des
actions qui lui sont propres. » (1)

35. Je rappellerai, en second lieu, que la disposition
souvent critiquée de l'art. 533, aux termes duquel « le

___

(1) V. *suprà*, pag. 38, et un arrêt de la Cour de Paris du 1er mai 1830
(Dall. 30. 2, 17), cassé le 29 août 1833 (Dall. 33, 1, 307). Du reste, il
faut remarquer que si l'art. 2279 ne s'applique pas à ces universalités
de choses meubles que les interprètes appelaient *universitates juris*, il
s'applique très-bien à celles qu'ils appelaient *universitates corporum*
telles qu'un troupeau,.... etc. V. l. 1, § 3, D., *de rei vindicat.* et le
*Commentaire* de M. Pellat.

mot *meuble*, employé seul dans les dispositions de la loi ou de l'homme, sans autre addition ni désignation, ne comprend pas l'argent comptant, les dettes actives.... les livres, les chevaux, les équipages..., etc.», ne saurait être limitative pour la règle générale de l'article 2279 ; ce dernier, en effet, venant déterminer le mode de prescription des meubles après la prescription des immeubles, il est bien évident qu'il renferme, même au point de vue de l'art. 533, une désignation implicite en opposant les meubles aux immeubles, et que par suite il donne au premier mot sa signification la plus large.

36. Mais c'est ici que le doute commence. L'importance et la valeur de certains objets mobiliers ayant conduit le législateur à sanctionner pour eux des règles dérogatoires au droit commun, on s'est demandé si la prescription de ces objets ne devait pas, au lieu de s'accomplir par une possession instantanée, être assimilée à la prescription immobilière. C'est spécialement le cas des navires, et, selon la plupart des auteurs (1), les mêmes motifs qui, « pour les bâtiments maritimes, ont fait modifier, en plusieurs points, les règles communes sur les meubles (2), semblent aussi commander une modification aux règles qui concernent leur acquisition par prescription. »

---

(1) Pardessus, tom. III, n° 617. Vincens, chap. III, VIII. Favard, V° Navire. — (2) Art. 190 et suiv., Code de commerce.

Cette solution a été vivement contestée ; si naturelle, a-t-on dit, et si équitable qu'elle puisse être au point de vue législatif, on ne saurait entrevoir, soit dans nos lois maritimes, soit dans nos lois civiles, un texte quelconque qui la consacre. Quant à l'admettre par simple analogie, par une simple extension des dispositions dérogatoires au droit commun que renferment les art. 190 et suivants du Code de commerce sur la vente et la saisie des bâtiments de mer, cela serait peu juridique. Est-il donc besoin de rappeler que les navires conservant la qualité de meubles (art. 190), il n'y a pour eux de dérogation possible au droit commun de la propriété mobilière qu'autant qu'elle se trouve formellement exprimée?

Mais, si nous étudions les motifs qui ont inspiré le législateur lorsqu'il rédigeait l'art. 2279, ces objections nous paraîtront peu concluantes. Le législateur, en effet, a consacré la maxime *en fait de meubles,...,* 1° parce qu'il est le plus souvent impossible de constater l'identité des objets mobiliers et de les suivre dans leur circulation de main en main; 2° parce qu'il a voulu éviter les procédures en revendication qui seraient sans nombre, et qui, le plus souvent, excèderaient la valeur des objets de la contestation; 3° enfin, parce qu'il n'existe pas ordinairement de titre écrit pour établir la propriété des meubles et que, par suite, il y a lieu de protéger l'acquéreur de bonne foi qui a dû croire son vendeur propriétaire, en le voyant en possession de l'objet mobilier. Or, je demande si aucun de ces motifs est applicable aux navires ; dira-t-on que les bâtiments maritimes passent avec rapidité d'un patrimoine dans un autre ? Dira-t-on que leur revendication devant un tribunal entraînera des frais qui excèderont leur valeur ? Dira-t-on, enfin, qu'il n'existe pas ordinairement de titre écrit pour constater leur légitime propriétaire, lorsque l'article 195 du Code de commerce exige que leur vente soit rédigée par écrit ? Soumettre la prescription des bâtiments maritimes à la règle de l'art. 2279 serait vraiment étouffer l'esprit de la loi, pour en suivre servilement le texte.

37. Parmi les questions que comporte notre matière, aucune n'a été aussi fréquemment débattue devant les tribunaux que celle de savoir si la maxime de l'art. 2279 doit s'appliquer aux meubles incorporels, c'est-à-dire aux créances.

Ce fut en 1836 que la Cour suprême se prononça, pour la première fois, par un arrêt remarquable qui a fixé la jurisprudence et dont je résume brièvement les faits.

Un armateur de Marseille avait envoyé aux Antilles un navire qui fut capturé par les Espagnols alors en guerre avec la France (1792). Le navire était assuré et l'armateur se fit payer le montant de l'assurance.

Les choses étaient en cet état, lorsqu'en 1814 il fut conclu entre la France et l'Espagne une convention par laquelle les gouvernements des deux pays stipulèrent des indemnités réciproques pour ceux de leurs sujets qui avaient souffert des pertes pendant la guerre.

Une commission ayant été instituée en France pour la répartition de cette indemnité, l'armateur de Marseille forma une demande en paiement des sommes qui pourraient être accordées ; puis, sans attendre la liquidation, il céda sa créance d'indemnité à un tiers ; celui-ci la céda de nouveau, et le dernier cessionnaire reçut environ 7000 francs d'inscriptions de rente qui lui furent délivrées par le Trésor.

Plus de dix ans après ce paiement effectué, les ayants-droit des assureurs intentèrent, contre les derniers cessionnaires une action en revendication des titres de rente représentant l'indemnité que ceux-ci avaient indûment reçue.

Les détenteurs des titres de rente résistèrent à la demande, disant qu'ayant juste titre et bonne foi, ils réunissaient toutes les conditions exigées pour se prévaloir avec succès de la règle *en fait de meubles, la possession vaut titre.*

Repoussés successivement par le tribunal de la Seine et par la Cour de Paris, ils se pourvurent devant la Cour de cassation, prétendant que l'art. 2279 avait été violé.

Il n'est pas possible, disait-on à l'appui de leur système, d'établir une distinction arbitraire entre les meubles corporels et les meubles incorporels, et de créer ainsi une exception considérable à la règle de l'art. 2279, sans s'appuyer sur un texte précis, ou tout au moins sur des principes incontestables qui rendent évidemment impossible l'application de ce dernier article aux meubles incorporels : *ubi lex non distinguit, nec nos distinguere debemus.*

Or, un texte précis — chacun sait qu'il n'en existe pas ; car nous ne regarderions pas comme un argument sérieux celui qui oserait limiter l'article 2279 par l'article 533 (1). L'art. 533 prouverait beaucoup trop s'il pouvait prouver quelque chose : en enlevant les dettes actives à l'application de l'art. 2279, il lui enlèverait aussi les chevaux, les équipages..... et vingt autres catégories de meubles qu'un tribunal n'hésitera jamais à faire tomber sous le coup de la maxime. L'art. 533 étant écarté, nous ne pouvons que recourir à l'art. 529, aux termes duquel sont déclarées meubles.... les obligations ou actions qui ont pour objet des sommes exigibles..... *les rentes perpétuelles ou viagères sur l'Etat ou sur les particuliers.* Dès-lors, ne suffit-il pas de rapprocher l'art. 529 de l'art. 2279 pour appliquer aussitôt le second à tous les objets indiqués par le premier ?

Voyons d'ailleurs si cette interprétation serait contraire aux principes du droit. Est-ce que les meubles incorporels ne sont pas, comme les meubles corporels, susceptibles d'une possession légale? On l'a prétendu, mais bien à tort ; la loi ne dit-elle pas elle-même, dans l'art. 2228, que la possession est la détention ou *la jouissance d'une chose* ou *d'un droit?* Ne parle-t-elle pas du possesseur d'une créance, lorsqu'elle dit, dans

(1) *Voyez suprà,* pag. 61.

l'art. 1240, que le paiement fait de bonne foi à celui qui est en possession de la créance, est valable, encore que le possesseur soit par la suite évincé ?

Que la possession ne s'acquière point et ne s'exerce pas sur une créance comme sur un objet corporel, rien de plus juste, mais les éléments de la possession légale des créances sont indiqués par l'art. 1689, et enfin les juges pourront estimer souverainement si la possession doit être considérée comme une possession civile (1).

D'un autre côté, si l'on écarte l'application de l'art. 2279 aux meubles incorporels, on ne peut leur appliquer davantage la prescription de dix à vingt ans, et l'art. 2265, qui ne parle limitativement que des immeubles, d'où il suit que pour l'acquéreur de bonne foi d'un meuble incorporel, il n'y aurait d'autre prescription possible que la prescription trentenaire.

Enfin, si l'on s'en réfère à l'esprit de la loi, aux principes d'utilité sociale qui ont guidé le législateur, on reconnaîtra que la prompte et facile circulation des meubles incorporels, et spécialement des rentes sur l'État, mérite d'être favorisée tout aussi bien que celle des meubles corporels.

Certes, ces considérations n'étaient point dépourvues de valeur ; déjà elles avaient paru concluantes à la Cour de Paris qui, dans un arrêt du 14 juin 1834 (2), avait

---

(1) V. un arrêt de la cour de Cassation (S., t. 25, 1, 116),—(2) Sirey, t 36, 2, 113.

expressément déclaré « qu'en fait de meubles, la possession vaut titre et qu'il n'y a pas lieu de distinguer
dans l'application entre les meubles ordinaires et les
choses qui ne sont réputées meubles que par la déter-
mination de la loi. »

38. Le pourvoi fut cependant rejeté par la Cour suprême qui, dans cette circonstance, fit sagement prévaloir
la volonté évidente du législateur sur une interprétation
trop littérale des textes. En effet, reportons-nous encore
au discours de l'orateur du gouvernement (1) ; sur quoi
se fonde-t-il pour conseiller au Corps législatif la consécration de la maxime nouvelle? « Il se fonde, dit-il,
sur ce qu'il n'existe ordinairement pour les objets
meubles aucun titre écrit qui en établisse la propriété,
sur ce qu'il est impossible d'en constater l'identité et de
les suivre dans leur circulation de main en main. »
Comment peut-on soutenir, après un tel langage, que
l'orateur ait parlé, même implicitement, des meubles
incorporels, lorsqu'il est légalement impossible (art.
1689) de transférer une créance ou une rente sans ré-
diger par écrit un double titre, cession d'une part entre
le cédant et le cessionnaire, signification, d'autre part,
au débiteur cédé ou acceptation de celui-ci dans un acte
authentique (art. 1690)? Peut-on prétendre qu'il soit
impossible de reconnaître des créances et de les suivre
dans leur circulation de main en main, lorsque chaque

(1) Voyez *suprà*, pag. 37.

transmission enregistrée renferme une désignation explicite, et comme s'il se trouvait souvent des créances
absolument semblables dont on ne pût établir l'identité?

Sans réfuter directement les arguments de l'opinion
contraire, ces simples considérations énonçant si bien
la volonté législative, auraient suffi pour entraîner
l'adhésion de la Cour ; mais, d'ailleurs, il était facile
de repousser d'une manière immédiate tous les moyens
du pourvoi : 1° C'était s'adresser à une bien faible ressource que d'appuyer avec tant d'insistance sur la généralité du mot *meubles* employé dans l'art. 2279 ;
est-ce que dans maint article du Code cette expression
n'a pas un sens limitatif, sans que pourtant il y soit
ajouté d'épithète restrictive ? A-t-on jamais soutenu, par
exemple, qu'il fût question de meubles incorporels dans
l'art. 1141, aux termes duquel « si la chose qu'on s'est
obligé de donner ou de livrer à deux personnes est
purement mobilière, celle des deux qui a été mise en
possession réelle est préférée »... Je crois cependant que
la locution *chose purement mobilière* est tout aussi
compréhensive que le mot *meubles* de l'art. 2279. Et,
d'autre part, dans ce dernier article, l'exception relative
au cas de vol ne fait-elle pas entrevoir que, dans la
règle, il s'agit exclusivement des meubles corporels, des
meubles qui peuvent être *volés;* or, je ne sache pas
qu'il soit jamais question de vol pour les droits, pour
les meubles incorporels.

2° On s'étonne que les créances, étant susceptibles
d'une véritable possession, il n'y ait pour elles d'autre

prescription possible que la prescription trentenaire.
Pour nous, il nous semble très-équitable d'avoir exigé
le délai le plus long possible pour ces meubles incorporels qui, s'ils sont susceptibles d'une sorte de possession, ne comportent jamais, aussi bien que les immeubles, une possession publique et non équivoque.
Sous l'ancien droit qui, certes, n'avait jamais songé à
assimiler, quant à la prescription, les meubles corporels
et les créances, ces dernières se prescrivaient par dix à
vingt ans ; mais c'était une disposition défectueuse, car
les créances n'ayant pas d'assiette fixe, la computation
du délai devait être une source de difficultés auxquelles
le Code impose une sage limite en n'admettant que la
prescription trentenaire.

3° Enfin, il est tout à fait trop hardi de prétendre que
l'intérêt public et la liberté du commerce exigent, pour
les créances comme pour les meubles, l'admission de la
maxime. Si l'intérêt public et la liberté du commerce
veulent que les transactions soient faciles, ils veulent
aussi qu'elles soient mûrement délibérées afin d'être
sûres ; ils veulent que l'acquéreur d'une créance qui
peut scruter les titres de son cédant, n'accepte point
une cession imprudente et que, s'il commet une faute,
il souffre une éviction, qui est le juste résultat de son
impéritie ou de sa négligence (1).

_____

(1) La jurisprudence est constante : Poitiers, 27 novembre 1833
(Sirey, 34, 2, 630). Rejet, 4 mai 1836 (S., 36, 1, 383). Cass. 11 mars

39. En résumé, c'est surtout en nous appuyant sur l'esprit de la loi que nous rejetons l'application de l'art. 2279 aux meubles incorporels. Or, il se présente telle conjoncture où l'acquéreur d'une créance, sujet à éviction, semble, dans l'esprit de la loi, tout aussi favorable que l'acquéreur d'un meuble corporel ; aucune faute ne lui est imputable, il lui était impossible de reconnaître l'identité du droit cédé et il devait nécessairement croire que le détenteur du titre était le créancier véritable.

On se demande dès lors si, dans ces cas exceptionnels, il pourra invoquer la maxime *en fait de meubles la possession vaut titre*. Tel serait, par exemple, le cas où le détenteur du titre porterait le même nom que le véritable créancier ; tel encore celui où le détenteur du titre serait l'héritier apparent du créancier originaire ; tel enfin celui où un créancier subrogeant, qui aurait conservé les titres de sa créance, recevrait un nouveau paiement avec subrogation et remettrait les titres au second subrogé.

M. Mourlon, se fondant sur ce que le tiers qui a traité

---

1839 (S., 39, 1, 169). Cass., 14 août 1840 (S., 40, 1, 753). Douai, 28 juin 1843 (S., 43. 2, 586). Voyez surtout un arrêt de la cour de Grenoble (S., 26, 2, 557). Dans la doctrine, Chardon, dol et fraude, 1, n° 43 ; Vazeille, n° 670 ; Troplong, n° 1005 ; Renaud, *Rev. de lég.*, t. 15, pag. 375. — *Contra*, Dijon, 26 mai 1836 (S., 39, 1, 170) ; Devilleneuve (36, 1, 357) ; Rodière, *Rev. de lég.*, t. vi, p. 167.

avec le détenteur n'a eu aucun moyen d'éviter l'erreur dans laquelle il a été induit, admet l'affirmative dans toutes ces hypothèses (1).

Nous ne saurions accepter une telle doctrine qui, allant d'exception en exception, aurait pour conséquence d'effacer la loi et de ne laisser place qu'à la souveraine appréciation des juges. De deux choses l'une, en effet : l'art 2279 est ou n'est pas applicable aux créances ; les meubles incorporels se prescrivent par une possession instantanée ou par la possession trentenaire ; mais bien sûrement, ils ne se prescrivent pas par l'un ou l'autre de ces délais, suivant que la bonne foi de l'acquéreur a été plus ou moins habilement trompée ; admettre l'application de l'art. 2279 aux espèces que nous avons citées, sous prétexte que l'erreur du cessionnaire était insurmontable, serait faire triompher telle ou telle partie à cause de la faveur du fait et éluder arbitrairement la règle du droit.

Sans doute, la solution contraire est plus favorable au crédit public et plus conforme peut-être à l'esprit général de notre législation. Abusant de la similitude des noms, le dépositaire d'un titre d'obligation cède la créance du déposant, son homonyme ; un héritier apparent vend la créance de celui qu'il croit son auteur. Dans tous ces cas, il n'y a faute ni de la part du déposant ou de l'héri-

_____

(1) *Traité des subrogations*, pag. 309 et suiv. et *Répét. écrit*, t. III, pag. 841, en note.

tier véritable, ni de celle du cessionnaire. Dès lors, lequel protéger? L'acquéreur, direz-vous? — Oui, je l'admets en législation ; mais je ne puis l'admettre en droit, dès qu'en principe les meubles incorporels, assimilés sur ce point aux immeubles, ne se prescrivent, selon la loi positive, que par une possession trentenaire.

40. Il existe toutefois certains meubles incorporels qui doivent tomber sous l'application de l'art. 2279 ; ce sont les effets au porteur et toutes valeurs analogues qu'il serait impossible de suivre dans leur circulation, vu qu'elles se transmettent de la main à la main, comme une véritable monnaie. Les raisons législatives sur lesquelles se fonde la maxime s'adressent si évidemment à ces sortes de meubles, qu'il n'est jamais venu à l'esprit d'un auteur de contester cette doctrine (1). Quant aux Cours impériales, devant lesquelles les opinions les plus sages sont parfois révoquées en doute, elles n'ont jamais hésité à la proclamer dans leurs arrêts (2).

Je ferai remarquer seulement que les personnes qui ont, sans contredit, le plus grand intérêt à ce que l'art. 2279 domine la transmission des effets au porteur, sont

(1) Merlin, Quest., V. revendication, § 1; Pardessus, Droit comm., n° 483; Vincens, Lég. comm., t. II, p. 370; E. Persil, Lettres de change, art. 188, n° 5; Zachariæ (Aubry et Rau), § 186, n° 5; Troplong, n° 1065; Marcadé, sur l'art. 2279, Demolombe, t. II, n° 252. — (2) Cass., 2 niv. an XII (Sirey, 4, 1, 225); Paris, 7 mars 1851 (Sirey, 52, 2, 39); Paris, 2 août 1856 (Sirey, 1857, 2, 177).

sous l'empire d'une législation spéciale, qui restreint,
quant à elles, le bénéfice de la maxime. C'est ainsi qu'aux
termes de la loi des 19-27 mai 1791 (1), les changeurs
de monnaies doivent porter sur un double registre tous
les articles de leurs recettes et les noms des propriétaires
des espèces et matières. Bien que cette loi ne semble
s'appliquer qu'aux espèces d'or et d'argent, la jurisprudence l'a étendue aux effets au porteur et ne permet
au changeur de se prévaloir de la maxime *en fait de
meubles...*, *etc.*, qu'autant qu'il a strictement accompli
les formalités à lui prescrites, « formalités instituées,
dit-on, pour protéger le crédit et empêcher les trans-
missions frauduleuses (2). »

Soumis à des dispositions analogues, les agents de
change doivent, comme on sait (3), consigner leurs opé-
rations sur un carnet, au moment même où elles se font,
les inscrire, dans le jour, sur un livre-journal, et enfin
remettre aux parties un bordereau signé d'eux, constatant la négociation dont on les a chargés. Mais comme
les agents de change ne sont que de simples intermédiaires ; comme, dans la pratique, les bordereaux qu'ils
remettent aux parties ne renferment aucune désignation
explicite des titres au porteur dont ils opèrent la transmission, je ne crois pas que l'inaccomplissement des
formalités que la loi leur impose puisse être préjudiciable

---

(1) Chap. IX, art. 5. — (2) Cass., 17 nov. 1856 (Sirey, 57, 1, 173) ;
Paris, 10 nov. 1858 (Sirey, 58, 2, 662). — (3) Arrêté de prairial, an x,
art. 11 et 12, Cod. de comm. art. 109.

aux acquéreurs et faire présumer chez eux une mauvaise foi qui leur empêche d'invoquer la règle de l'art. 2279. Nous reviendrons d'ailleurs sur ce point (1).

41. C'est une question fort délicate que celle de savoir si le détenteur d'un manuscrit peut invoquer la maxime *en fait de meubles, la possession vaut titre*, et acquérir ainsi, grâce à une possession légale et à sa bonne foi, une véritable propriété littéraire. La jurisprudence ne s'est pas encore prononcée d'une manière décisive, et il nous semble d'ailleurs qu'une décision absolue n'est guère possible, que l'on doit, au contraire, laisser place à des distinctions nombreuses, seul moyen de faire une saine application de la loi.

42. 1° S'agit-il, en effet, de ces autographes qui peuvent circuler dans le commerce, dont certaines personnes font collection et qui n'ont d'autre valeur que de rappeler l'écriture matérielle de tel ou tel personnage, je ne fais aucun doute que la maxime leur soit applicable. Cette doctrine a été implicitement reconnue par la Cour de Paris, dans un arrêt du 3 janvier 1846 (2). Il s'agissait d'un autographe de Molière qui, ayant été dérobé à la Bibliothèque royale, avait circulé dans le commerce et se trouvait finalement entre les mains d'un acquéreur alléguant juste titre et bonne foi. La Cour admettait

(1) Voy. *infrà*, pag. 123. — (2) Sirey, tom. 47, 2, 77.

évidemment que l'art. 2279 était applicable aux autographes ; mais elle contesta la prétendue bonne foi du possesseur et déclara, d'autre part, que les ouvrages, manuscrits et autographes faisant partie de la Bibliothèque royale, sont inaliénables et imprescriptibles.

43. 2° Lorsqu'il s'agit, au contraire, de manuscrits dont la valeur ne réside nullement dans l'écriture matérielle, mais dans les qualités littéraires ou scientifiques de l'ouvrage, dans la série d'idées et de sentiments dont ils contiennent l'expression, je conçois très-bien que les doutes les plus sérieux se présentent à l'esprit. Pour admettre l'application de l'art. 2279, on pourrait se fonder, non sur la généralité du mot *meubles* employé dans cet article, — cet argument a trop peu de valeur, — pas davantage sur l'intention présumée du législateur, — car il me paraît bien évident qu'en rédigeant l'art. 2279, le législateur ne songeait nullement à la propriété littéraire, — mais on pourrait s'appuyer sur ce que le manuscrit est à la propriété littéraire ce que le titre matériel est à la créance de celui qui détient un effet au porteur; on a aussi invoqué, mais seulement pour les manuscrits dont les auteurs sont décédés, un décret du 1er germinal an XIII (1).

J'aimerais mieux toutefois la solution contraire et je l'accepterais toujours sans distinguer, comme on le

(1) Renouard, *des droits d'auteur*, II, n° 168.

propose (1), entre le cas où l'action serait exercée contre
le détenteur par l'auteur du manuscrit ou par ses héritiers, et celui où elle serait exercée par un éditeur ou un
cessionnaire quelconque des droits de l'auteur. Comment
admettre, en effet, que la propriété littéraire, la moins
prescriptible de toutes les propriétés, puisse s'acquérir
par la possession instantanée d'un manuscrit? Quel
motif pourrait nous conduire à une telle solution? Serait-
ce l'intérêt du commerce? Serait-ce le désir de protéger la libre circulation des biens? D'ailleurs, le
raisonnement suivant nous parait insurmontable : la
propriété littéraire, en sa qualité de droit abstrait, de
meuble incorporel, échappe à la règle de l'article 2279
et ne peut se prescrire par une possession instantanée; or, le manuscrit d'un ouvrage non édité (2) ne
peut appartenir qu'à celui sur la tête duquel repose la
propriété littéraire; le manuscrit est à la propriété littéraire ce que le titre matériel constatant une créance
est à cette créance elle-même, et de même qu'il serait
absurde de considérer un titre de créance comme un
meuble corporel qui puisse se prescrire par une possession instantanée et entraîner ainsi la prescription acquisitive de la créance elle-même, il nous semble, pour le
moins, bien téméraire de considérer un manuscrit
comme un objet mobilier, ayant une existence propre et

---

(1) Devilleneuve, t. 58, pag. 577. — (2) Je parle avec raison du manuscrit d'un ouvrage non édité, parce que le manuscrit d'un ouvrage
édité ne serait plus, au point de vue juridique, qu'un autographe auquel
on appliquerait les règles exposées ci-dessus, pag. 77.

pouvant être prescrit indépendamment de l'ouvrage,
ou, ce qui est encore plus étrange, pouvant entraîner par
sa propre prescription celle de la propriété littéraire.

Au surplus, tout en reconnaissant que les manuscrits
d'ouvrages non édités ne tombent pas sous l'application
de l'art. 2279, nous proclamons, avec les arrêts et les
auteurs (1), que leur possession établit néanmoins, en
faveur du détenteur, une présomption de propriété telle
qu'elle oblige ceux qui la contestent (fussent l'auteur
lui-même ou ses héritiers) à prouver que la possession
de ce tiers est irrégulière, et cette preuve sera souvent
d'autant plus difficile à établir que selon certaines décisions de la jurisprudence, le manuscrit d'un ouvrage,
quel que soit son mérite comme production de l'esprit,
est susceptible d'une tradition matérielle qui emporte
avec elle, si elle est précédée d'une juste cause, la transmission de la propriété littéraire (2).

44. On s'est enfin demandé si la règle *en fait de
meubles, la possession vaut titre*, est applicable aux
lettres missives et si celui qui les a reçues a le droit de
les publier.

Les auteurs reconnaissent généralement que celui qui
a reçu les lettres missives en est propriétaire et qu'il a
le droit de les publier, sauf un recours devant les tri-

---

(1) Renouard, *Droits d'auteur*, II, n° 466; Bordeaux, 4 mai 1843
(Sirey, 43, 2, 479); Paris, 13 nov. 1844 (Sirey, 44, 2, 3). — (2) Bordeaux, 4 mai 1843, et *Contrà*, Paris, 4 mai 1816 (Sirey, 16, 2, 198).

bunaux de la part de celui qui les a écrites, si la publication des lettres peut être considérée comme un délit.

Cette solution nous semble juridique ; mais, après l'interprétation que nous avons présentée sur la maxime, nous voulons rappeler qu'on l'invoque bien à tort en pareille matière. Si celui auquel est adressée une lettre missive en devient propriétaire aussitôt qu'il la possède, ce n'est point parce que la possession des meubles vaut titre ; il n'y a dans ce cas aucune prescription d'un objet mobilier, il y a purement et simplement tradition de cet objet et juste cause de la tradition, intention d'aliéner chez celui qui envoie la lettre, intention d'acquérir chez celui qui la reçoit. C'est un don manuel et rien de plus.

45. Nous avons vu plus haut qu'il existe certains meubles, tels que les navires, dont la valeur vénale considérable a motivé des règles dérogatoires au droit commun de la propriété mobilière, et qui échappent en conséquence à la maxime de l'article 2279. Je me demande si la même dérogation ne devrait pas être admise pour des meubles tout aussi précieux, mais dont le prix consiste moins dans leur valeur vénale que dans leur valeur d'affection. Ainsi, je suppose qu'ayant confié à un peintre les portraits de vos ancêtres, le peintre abuse de votre confiance et vende à un acquéreur de bonne foi, soit comme émanant de lui-même, soit comme en étant propriétaire, les tableaux que vous

lui avez confiés. De même encore, votre intendant vend, en ignorant leur valeur, tels ou tels insignes dont le souverain vous a gratifié en récompense de vos services, telles ou telles armes qui rappellent une de vos actions d'éclat. Sera-t-il impossible, dans tous ces cas, au propriétaire dépouillé, d'agir en revendication? Le laissera-t-on à la merci de l'acquéreur qui, par haine ou par une spéculation déshonnête, peut refuser de revendre ces objets, ou en demander un prix cent fois supérieur à celui qu'ils ont coûté?

La faveur d'une telle cause serait bien faite pour exercer la plus grande influence sur l'esprit des juges; ils seraient et devraient être sévères dans l'appréciation de la bonne foi de l'acquéreur, de même que dans l'appréciation des caractères légaux de sa possession. Mais enfin, en supposant cette possession régulière et la bonne foi prouvée, refuseront-ils de prononcer l'éviction?

On a dit, pour la négative, qu'une sage interprétation se fonde, avant tout, sur la pensée du législateur, et qu'elle n'applique le texte qu'aux objets que le législateur avait en vue, que l'art. 2279 avait été fait pour favoriser le crédit et faciliter le commerce des meubles, que cette idée ne domine nullement dans l'espèce qui nous occupe; que des portraits de famille et autres objets analogues, dont toute la valeur est une valeur morale, ne sont point dans le commerce; qu'ils y sont si peu qu'on les reconnaît insaisissables, qu'on les place ainsi dans une classe à part, et qu'on les soustrait à l'action des créanciers, certainement plus favorables que les

tiers-acquéreurs ; qu'il faut, dès lors, les placer en dehors du droit commun, puisque cette dérogation s'appuie
à la fois sur les plus sages considérations d'équité, et
sur l'esprit même de la loi.

Mais, quelle que soit la valeur de ces considérations
équitables, nous répondons par cet argument décisif :
ce serait violer la loi que de créer, en l'interprétant,
des exceptions qu'elle n'a pas formellement établies.

46. On sait qu'aux termes de l'art. 520, les récoltes
adhérentes par les racines et les fruits des arbres non
encore recueillis, sont immeubles, mais que cependant
ils sont mobilisés même avant leur séparation , lorsqu'ils deviennent l'objet d'une vente spéciale qui, aux
yeux des parties, n'est qu'une vente mobilière. Je conclus
que, dans cette hypothèse, l'art. 2279 serait applicable.
C'est ainsi que la vente d'une coupe de bois étant faite
par un non-propriétaire, le tiers-acquéreur de bonne
foi ne pourra être évincé, s'il a opéré sur les bois vendus
un acte quelconque de possession, par exemple, s'il les
a désignés par une incision ou autre signe analogue. (1)

De même, aux termes des articles 524 et suivants,
la loi déclare immeubles par destination certains objets
mobiliers, lorsque le propriétaire les a placés sur un
fonds pour servir à l'exploitation. Comme la qualité
immobilière de ces objets provient de la volonté du

---

(1) Cass., 21 juin 1320; Dalloz, V° Choses, pag. 469.

propriétaire, il semblerait, au premier abord, qu'ils ne peuvent perdre cette qualité contre le gré de celui-ci; nul doute, cependant, que si le fermier, le colon ou tout autre enfin que le propriétaire aliéne ces objets avec ou sans fraude, le tiers-acquéreur de bonne foi pourra se prévaloir de la maxime *en fait de meubles*..., car, pour lui, les objets achetés ont toujours été des objets meubles, et d'ailleurs, par cela seul qu'ils passent dans ses mains, ils ne sont plus attachés à l'exploitation et reprennent leur qualité mobilière.

## SECTION II.

### Sous quelles conditions la maxime peut être invoquée.

### SOMMAIRE.

47. Des aliénations de meubles faites en fraude des créanciers.
48. Des donations d'objets mobiliers.
49. La maxime *en fait de meubles....* protège-t-elle les détenteurs qui ne prétendent sur l'objet qu'un droit réel tel qu'usufruit, gage ou privilège ?
50. Du droit de suite sur les meubles accordé à certains créanciers privilégiés.
51. Des autres exceptions à la maxime. Renvoi.
52. 1° De la possession du tiers-détenteur. Comment elle s'acquiert.
53. La remise des titres constitue-t-elle une transmission de la possession ?
54. De la *signatio* des objets vendus.
55. Des marchandises vendues au poids, au compte ou à la mesure.
56. Du cas où la chose livrée n'est point celle que l'acheteur pensait acquérir.

57. La revendication en matière de faillite ne fait point obstacle à la maxime.

58. Du cas où des meubles sont possédés en commun par plusieurs détenteurs.

59. La possession requise par l'art. 2279 ne peut avoir tous les caractères assignés à la possession légale par l'art. 2219.

60. 2° Du juste titre; s'agit-il d'un titre écrit?

61. Est-ce au détenteur à prouver son existence ?

62. Du titre *pro soluto*.

63. Concordance de l'art. 1238 avec l'art. 2279.

64. De l'erreur sur l'existence du titre.

65. Du titre *pro adjudicato;* du titre *pro donato :* renvoi.

66. 3° De la bonne foi.

67. De son appréciation.

68. Différence entre les choses possédées de mauvaise foi et les choses volées.

---

47. En principe, avons-nous dit, la maxime peut être invoquée par tous ceux qui, ayant juste titre et bonne foi, détiennent l'objet mobilier et exercent sur lui une possession légale (1). Toutefois, ce principe admet, soit par interprétation, soit par application de textes formels, plusieurs restrictions.

1° Je rappellerai en premier lieu celle qui résulte des règles admises sur la révocation des actes faits en fraude des créanciers (art. 1167). En effet, si l'art. 1167 est en parfaite harmonie avec l'art. 2279, lorsqu'au cas

---

(1) Inutile d'ajouter que le meuble doit être de sa nature prescriptible. Voyez *suprà* ce que nous avons dit des ouvrages contenus dans les bibliothèques publiques. On pourrait citer un grand nombre d'autres exemples.

d'acquisition à titre onéreux, il ne permet l'éviction du
tiers acquéreur qu'autant que celui-ci a eu connaissance
de la fraude, il est, au contraire, en désaccord avec ce
même article, lorsqu'au cas d'acquisition à titre gratuit,
il ne tient aucun compte de la bonne foi du détenteur.

Je suppose, en effet, que le débiteur de divers objets
mobiliers, par exemple un dépositaire, un commodataire,
un créancier gagiste ou bien un propriétaire, vende en
fraude de ses créanciers certains de ces objets et qu'il
en donne certains autres. Les acheteurs et les donataires
peuvent également faire preuve de leur bonne foi ;
pourront-ils également invoquer la maxime *en fait de
meubles la possession vaut titre?*

Si nous ne consultions que l'art. 2279, cela ne serait
pas douteux, car le titre *pro donato* est, aussi bien
que le titre *pro emptore*, un juste titre, et la possession
exercée par le donataire tout aussi légale que celle
exercée par l'acheteur. Personne n'ignore cependant
que si les conditions de l'art. 1167 se trouvent d'ailleurs
remplies, les créanciers pourront évincer le donataire
sans pouvoir évincer l'acheteur, *quia creditores certant
de damno vitando, donator autem de lucro captando,*
et certainement rien n'est plus équitable que cette dérogation apportée par l'art. 1167 à l'art. 2279.

D'ailleurs, si l'on voulait raisonner *in apicibus
juris,* on pourrait dire que, même dans cette espèce, il
n'est pas dérogé à l'art. 2279 ; cet article a été applicable et le donataire a acquis la propriété des meubles ;
seulement, par l'exercice de l'action révocatoire, sa

propriété est résolue, elle est transférée de nouveau au propriétaire qui a souffert de la fraude. Mais c'est là un raisonnement subtil ; il est bien plus sage de dire, en entrevoyant les résultats pratiques, que la maxime de l'art. 2279 est inapplicable et ne saurait protéger le donataire contre l'éviction.

48. Le titre *pro donato*, insuffisant dans cette dernière hypothèse pour sauvegarder le donataire, ne reste pas moins un juste titre pouvant conduire à la prescription, toutes les fois que le propriétaire véritable de l'objet mobilier, n'étant point créancier du donateur, il n'y a pas lieu à l'exercice de l'action révocatoire. Le propriétaire apparent d'un objet mobilier transférera donc au donataire de bonne foi une propriété irrévocable. C'est là d'ailleurs le droit commun en matière de prescription, et je m'étonne que M. Mourlon (1) ait reproché à la loi d'être allé trop loin en mettant les donataires, comme tous autres acquéreurs, sous l'égide de l'art. 2279. La raison législative qui a voulu que, dans l'intérêt du commerce, les meubles n'eussent pas de suite, s'attache aussi bien aux meubles donnés qu'aux meubles vendus.

49. 2° Je rappellerai, en second lieu, l'exception apportée par l'art. 2102 et relative au droit de suite des

___

(1) *Répétit. écrit*, tom. III, pag. 840, en note V, *infra*, pag. 110.

créanciers privilégiés. Mais avant d'aborder cette question, nous devons nous demander si l'art. 2279 protége,
non seulement ceux qui se prétendent propriétaires,
mais encore ceux qui ne prétendent sur un objet mobilier
qu'un simple droit réel, tel qu'usufruit, gage ou privilége.

L'affirmative ne nous semble point douteuse, car elle
est une déduction logique des principes généraux et se
trouve d'ailleurs consacrée dans plusieurs textes.

Elle est une déduction logique des principes généraux : en effet, si le concours de la possession, de la
bonne foi et du juste titre reçoit du législateur une
vertu si grande qu'il assure la propriété à celui qui
détient un meuble en réunissant ces conditions, *a
fortiori* doit-il lui assurer un droit réel plus restreint :
*qui dicit amplius dicit minus.* Du reste, les mêmes
considérations d'intérêt social qui ont fait admettre la
maxime pour que la propriété des meubles soit facilement et sûrement transférée, ne militent-elles pas également pour qu'en faveur du crédit de la fortune mobilière, les meubles soient facilement et sûrement grevés
de droits réels tels que le privilège ou le gage?

C'est en s'inspirant de ces idées que tous les auteurs (1) ont reconnu l'existence d'un privilège au profit
du locateur ou du créancier gagiste de bonne foi, lors

(1) Voy notamment M. Duranton, tom. XIX, n° 100 *ter*; M. Troplong,
*Priv. et hyp.*, n° 171 ; M. Valette, n° 49.

même que les meubles remis en gage ou apportés dans la maison louée n'appartenaient point au débiteur ou au locataire. Même raisonnement à l'égard de l'aubergiste ou du voiturier, qui ont privilége sur les marchandises voiturées ou sur les effets apportés dans l'hôtel, lors même que les marchandises n'appartiendraient pas au destinataire ou les effets au voyageur.

Il y a plus, la règle *en fait de meubles la possession vaut titre* peut être invoquée, non seulement par un créancier prétendant un droit réel sur l'objet meuble contre le propriétaire de cet objet, mais aussi contre un autre créancier privilégié qui ne serait pas en possession. C'est là une idée extrêmement juste et qui domine toute saine théorie du classement des priviléges.

50. J'arrive à l'exception que l'art. **2102** établit à l'art. **2279** ; elle consiste en ce que le propriétaire peut saisir les meubles qui garnissent sa maison ou sa ferme, lorsqu'ils ont été déplacés sans son consentement, et il conserve sur eux son privilége pourvu qu'il fasse la re-vendication, savoir : lorsqu'il s'agit du mobilier qui gar-nissait une ferme, dans le délai de quarante jours ; et dans celui de quinzaine, s'il s'agit de meubles garnissant une maison. En un mot, dans ces hypothèses, la pres-cription des meubles, au lieu de s'accomplir par une possession instantanée, ne s'accomplit que par un délai de quinze ou de quarante jours, suivant qu'il s'agit de meubles garnissant une maison ou une ferme.

Il est utile de remarquer que la mauvaise foi, la

fraude du locataire ou du fermier n'est point requise
pour l'exercice de la revendication. Bien plus, lors
même que les meubles restant dans la maison ou dans
la ferme représenteraient une valeur supérieure au prix
du bail, le propriétaire ne pourrait pas moins revendiquer les objets détournés et sur lesquels il a acquis un
droit de gage irrévocable.

**51.** Je parlerai dans un chapitre spécial de la troisième
exception apportée à la maxime par l'art. **2279** lui-
même et relative au cas de perte ou de vol. *V. infra*,
p. **115.**

**52.** Passons à l'étude des diverses conditions que
doit réunir le détenteur d'un objet mobilier pour triompher dans l'action en revendication.

### I. — LA POSSESSION.

En premier lieu, il doit posséder, et sa possession
doit être une possession légale. L'acquisition de la possession des meubles est réglementée par l'art. 1606, au
titre de la vente, dans lequel nous trouvons énumérés
trois modes de délivrance.

1° *La tradition matérielle*, c'est-à-dire la remise
*de manu ad manum*, la plus évidente et la moins
équivoque de toutes les traditions ; le Code Napoléon
la qualifie de tradition réelle ; mais ce n'est point par

opposition à celle que les commentateurs du droit romain appelaient, bien à tort, fictive ou symbolique ;

2° *La remise des clés des bâtiments qui renferment les objets.* Entre les parties, cette tradition est tout aussi effective que la précédente ; elle produit les mêmes effets sans distinguer, comme faisait la loi romaine, si les clés ont été remises à l'*accipiens apud horrea*, ou si elles lui ont été remises loin des bâtiments ; mais à l'égard des tiers, elle n'est point suffisante en principe, parce qu'elle n'indique point à leurs yeux la transmission de la possession. Je suppose que vous vendiez à un tiers votre jardin, dans lequel se trouvent certains meubles tels que des statues ou des vases de fleurs, et que vous lui fassiez tradition en lui remettant les clés ; si vous vendez, quelques instants après, les meubles dont vous venez de disposer, le second acheteur qui en prendrait possession réelle et effective sera évidemment préféré à l'acheteur du jardin, et cela serait juste parce que la possession du premier acquéreur n'avait pas ce caractère de publicité qu'elle doit revêtir pour être opposable aux tiers (art. 1141) ;

3° *Le seul consentement des parties*, ce qui peut avoir lieu dans deux circonstances : 1° « *lorsque le transport des meubles ne peut pas se faire au moment de la vente.* » Cette sorte de délivrance a été critiquée avec raison (1) comme ne pouvant produire, le plus

---

(1) M. Mourlon, *Répét. écrit.*, III, pag. 233.

souvent aucune conséquence légale. Ce n'est pas, en
effet, grâce à elle que la propriété est acquise, puisque
dans notre droit spiritualiste, elle se transmet par la
seule convention (art. 1138). Ce n'est pas non plus
grâce à elle que le vendeur se trouve quitte de délivrer
l'objet vendu et d'en procurer à l'acquéreur la détention
matérielle ; enfin, pour ce qui concerne notre matière,
ce n'est pas grâce à elle qu'un premier ou un second
acquéreur pourra invoquer l'art. 2279, car si la possession est transmise par le simple consentement, ce
n'est sûrement point une possession publique et non
équivoque ;

2° « *Lorsque la chose se trouvait déjà au pouvoir
de l'acheteur qui la détenait à titre précaire.* »
Ici encore le Code Napoléon a tort de supposer une
tradition consensuelle ; au fond des choses, la tradition
de l'objet était déjà faite ; seulement l'acheteur qui
jusque-là avait possédé pour autrui, acquiert par la
vente le titre de propriétaire, qui transforme sa possession précaire en possession légale.

53. On s'est demandé s'il y avait une tradition réelle
et une source de possession légale dans le titre que le
vendeur des objets mobiliers remet parfois à l'acquéreur
comme une preuve de la perfection du contrat, tel par
exemple qu'une facture ou un ordre écrit pour obtenir
la délivrance des marchandises.

Ici encore, en ce qui concerne les droits respectifs
du vendeur et de l'acheteur, on peut répondre affirma

tivement à la question (1) ; mais, à l'égard des tiers, la
négative est généralement enseignée et par les auteurs
les plus graves (2), *traditio instrumentorum ipsius*
*venditionis non est rei venditæ*. On comprend sans
peine que les tiers n'ont pu soupçonner cette délivrance occulte, et qu'à leurs yeux la possession du
vendeur a dû passer comme une preuve que la tradition
n'était point encore opérée.

54. Il existe un mode de délivrance fort usité dans
le commerce et qui consiste dans la marque que l'acheteur appose sur les objets vendus. C'est là une tradition
réelle à laquelle les jurisconsultes romains avaient déjà
reconnu toutes les conséquences d'une remise *de manu*
*ad manum : videri trabes traditas quas emptor sig-*
*nasset* (3). Je ne rappelle cette sorte de tradition que
pour repousser une distinction arbitraire que Pothier
voulait établir, suivant que les choses ainsi livrées étaient
ou n'étaient pas d'un grand poids : cette distinction,
imaginée pour expliquer d'une manière purement con-
jecturale une loi du digeste, est aujourd'hui rejetée par
tous les auteurs (4).

55. A l'égard des marchandises qui se vendent au

---

(1) M. Massé, *Droit comm.*, t. iv, n° 170. — (2) M. Troplong, *Vente*, i,
n° 281 ; Merlin, *Rép.* V° tradition. — (3) L. 44, § 1. D. 18, 5; Dalloz
(28, 1, 90). — (4) M. Troplong, *Vente*, n°s 103 et 283; M. Massé, tom.
iv, n° 173; MM. Delamarre et Lepoitvin, Commission, iii, n° 234.

poids, au compte ou à la mesure (art. 1585), il ne
peut y avoir tradition qu'après qu'elles ont été pesées,
comptées ou mesurées (1). Et, d'ailleurs, si les marchandises, même après cette opération, restent sous
la main du vendeur, nul doute que le second acquéreur
qui les emporterait chez lui ne soit à l'abri de toute
éviction. C'est toujours le même raisonnement, la même
distinction entre la délivrance à l'égard des parties et
à l'égard des tiers.

56  On sait que, pour acquérir la possession, il faut,
indépendamment de la main-mise matérielle et de la
conscience de cet acte, l'intention de posséder pour
soi ; ce sont les deux conditions auxquelles faisait allu-
sion le droit romain en disant : *adipiscimur possessionem corpore et animo.*

A ce sujet, les auteurs ont discuté la question suivante.

Lorsque j'ai acheté une chose et que, par erreur ou
par mauvaise foi, mon vendeur m'en livre une autre,
existe-t-il à mon profit une possession légale sur la
chose dont j'ai reçu tradition?

La loi romaine s'était nettement prononcée pour la
négative. *Si me*, disait Ulpien (2), *in vacuam possessionem fundi Corneliani miseris, ego putarem me in
fundum Sempronianum missum et in Cornelianum*

---

(1) Nancy, 4 janvier 1827 (D. 27, 2, 44). — (2) L. 34, *de acq. poss.*

*iero, non acquiram possessionem, nisi forte in no-
mine tantum erraverimus, in corpore consenserimus.*
Et, dans son *Traité de la possession* (1), Pothier, acceptant cette solution comme un dogme irrécusable, la
justifie en faisant observer que je n'acquiers la possession ni de la chose que j'ai acquise par erreur, parce
que ce n'est pas celle dont j'ai la volonté d'acquérir la
possession, ni de celle que j'ai la volonté d'acquérir,
parce que je ne l'ai pas reçue. Enfin, M. Troplong expose
cette idée comme une conséquence très-naturelle d'un
principe certain (2).

Mais depuis, Marcadé (3) avec toute la verve de son
génie est venu renverser cette doctrine subtile et radi-
calement fausse au point de vue de l'appréciation des
faits psychologiques. Dites que, dans notre espèce, je n'ai
pas eu l'intention d'acheter l'objet qui m'a été remis,
je le veux bien; mais une fois que je l'ai reçu, une fois
que je me regarde comme son véritable propriétaire et
que j'en fais un usage de tous les jours, on viendrait
prétendre que je ne le possède point! Comment! je
détiens cet objet que j'ai la sincère conviction d'avoir
acheté; je me présente partout comme son possesseur
légal; s'il m'est enlevé, j'intenterai une action en revendication et l'on soutiendrait que je n'ai point l'intention

___

(1) No 40. — (2) *Prescript.*, ii, no 254. — (3) Art. 2228, no 6. Voy.
aussi sa piquante polémique avec M. Seligman au sujet de cette question,
*Rev. crit.*, tom. iv, pag. 459.

de le posséder, l'*animum mihi habendi :* en quoi
donc ferez-vous consister cette intention ? On objecte,
il est vrai, que si j'ai l'intention de posséder, cette intention ne porte point sur l'objet qui m'a été remis, mais
sur l'objet que je voulais acquérir ; or, c'est précisé-
ment là que se trouve l'erreur et la fausse appréciation
d'un phénomène moral : avant la délivrance, sans doute
je voulais acqué·:r la possession d'un autre objet ; mais
depuis la tradition, ma volonté de posséder s'applique
uniquement au meuble que j'ai entre les mains, à lui
seul et à aucun autre.

57. C'est un principe incontestable que l'on acquiert
la possession, non-seulement par soi-même, mais encore
par un mandataire. Ainsi, il y a délivrance des marchandises, par cela seul qu'elles sont livrées au voiturier ou au capitaine qui doit les transmettre au destinataire. Si l'article 576 du Code de Commerce permet
au vendeur de les revendiquer, même après cette tradition, et tant qu'elles ne sont pas arrivées dans les maga-
sins de l'acheteur failli, ou dans ceux du commission-
naire chargé de les vendre pour le compte de ce dernier,
c'est là une disposition dérogatoire au droit commun
qui ne fut point admise sans difficulté, et qui, en tout
cas, ne porte préjudice qu'au failli lui-même et à ses
créanciers sans nuire jamais aux tiers-acquéreurs ; car,
ajoute l'article, la revendication n'est point recevable si,
avant leur arrivée, les marchandises ont été vendues

sans fraude, sur factures et connaissements ou lettres de voitures signées par l'expéditeur.

58. Il arrive parfois que des meubles ayant été possédés en commun, chaque possesseur se prétende propriétaire exclusif; s'il n'existe aucune preuve écrite de la propriété, ni aucun indice de bonne ou de mauvaise foi, le juge se verra forcé d'admettre également les deux parties à invoquer l'article 2279 et de consacrer en conséquence une propriété par indivis : mais il est rare que, dans la pratique, on soit réduit à cette extrémité. Ainsi lorsque, deux personnes habitant ensemble, chacune d'elles se prétend propriétaire des meubles qui garnissent la maison louée, la jurisprudence regarde comme propriétaire exclusif, toutefois sauf la preuve contraire, celui qui paye le loyer et au nom duquel les quittances sont délivrées (1).

59. La possession légale étant la première condition requise pour invoquer la maxime de l'article 2279, il résulte que le véritable propriétaire dont les meubles ont été vendus sans son consentement peut les revendiquer contre le tiers-acquéreur, tant que ce dernier n'a pas obtenu la délivrance.

Je ferai observer, toutefois, que si la possession du tiers-acquéreur doit être une possession légale, elle ne

_____

(1) M. Troplong, *Prescr.*, II, n° 246.

doit point cependant être continue et non interrompue, puisque ces caractères supposent une possession de quelque durée, et que celle de l'article 2279 s'acquiert instantanément. Mais il faut exiger tous les autres caractères dont il est fait mention dans l'art. 2229 : la possession doit être publique, autant que le comporte l'usage du meuble revendiqué (sur ce point, l'appréciation du juge est souveraine) ; elle doit être paisible ; c'est ainsi qu'elle serait vicieuse et stérile, non-seulement si elle était entachée de violence, mais encore si elle avait été acquise malgré les réclamations de celui qui se prétend propriétaire, enfin, elle doit être aussi exempte du vice d'équivoque ou de précarité.

## II. — JUSTE TITRE.

60. On entend par juste titre un acte juridique qui aurait été translatif de propriété, si celui qui a fait la tradition eût été propriétaire. Pour se prévaloir de l'art. 2279, le détenteur d'un meuble doit s'appuyer sur un titre de cette nature, qui justifie et corrobore sa possession.

Il n'est point nécessaire que ce juste titre ait été constaté par un acte écrit (1), et ceux qui ont interprété notre maxime, en disant, comme Toullier, que le

_____

(1) Sauf la difficulté ou l'impossibilité de la preuve dans le cas où il n'existe point d'acte écrit.

Code Napoléon dispensait le possesseur d'un meuble
de la nécessité d'un titre écrit, ont avancé une double
erreur ; ils ont supposé, ce qui est faux, que dans le
droit commun le titre écrit était nécessaire, et ils ont
dit ensuite, ce qui est plus faux encore, que la maxime
n'avait d'autre but qu'une dérogation à cette prétendue
règle ; c'était créer une exception erronée à un principe
imaginaire ; aussi, crois-je inutile de réfuter une telle
doctrine, qui, cependant, compte plus d'un sectateur.

Dans la pratique, il sera bien rare qu'on puisse prouver
le juste titre par un acte écrit ; mais, comme les objets
revendiqués n'ont souvent qu'une valeur inférieure à
150 fr., le détenteur aura la ressource de la preuve
testimoniale (1).

61. En principe, c'est au possesseur à justifier de son
contrat et non point au revendiquant à en prouver les
vices comme il doit prouver les vices de la possession
ou la mauvaise foi de son adversaire. Si l'objet de la
contestation excède 150 fr., le possesseur devra faire
cette preuve sous peine de déchéance ; mais, dans le
cas contraire, comme il y a lieu d'admettre la présomption du juge, la décision dépendra des circonstances de la cause et du caractère des parties. Ce qui
est certain c'est que le juge devra, le plus souvent,
prendre le contre-pied de cette étrange disposition d'un
Code étranger, qui repousse le possesseur et le dé-

---

(1) Pothier, *Prescript* , part. ɪ, chap. ɪv, n° 98.

clare de mauvaise foi, par cela seul qu'il ne peut prouver
son titre : « On est présumé, dit-il, tenir d'un voleur
les objets mobiliers dont on ne peut pas indiquer le
vendeur » (1). Combien cette présomption est contraire au *plerumque fit!* Comment! je serais présumé
tenir d'un voleur ce livre que j'ai dans la main, parce
que, si vous le revendiquez contre moi, je ne pourrai
établir que je l'ai acheté ni indiquer le libraire qui me
l'a vendu! Singulière doctrine législative que d'ériger
une présomption de vol comme si les délits devaient se
présumer! Exiger, selon la loi allemande, que, pour
les objets de minime valeur, le détenteur justifiât de
son titre, serait vraiment dans notre droit ruiner la règle
de l'art. 2279 et rétablir plus d'entraves à la circulation des meubles que si l'on exigeait dix ans pour
les prescrire.

D'ailleurs pourquoi ne pas nous laisser conduire par
l'esprit que la loi laisse entrevoir dans ses autres dispositions, art. 2250 : « On est toujours présumé posséder pour soi et à titre de propriétaire, s'il n'est prouvé
qu'on a commencé à posséder pour autrui. » Art. 2268 :
« La bonne foi est toujours présumée, et c'est à celui
qui allègue la mauvaise foi à la prouver. » Pourquoi
n'ajouterais-je pas, en suivant le même ordre d'idées et
lorsqu'il y a vraiment présomption, qu'il n'existe aucune
preuve écrite du juste titre : « Le juste titre est pré-

---

(1) Art. 584, Code prussien.

sumé et c'est à celui qui en allègue les vices à les établir (1). »

62. Je ne veux point faire ici une énumération doctrinale de toutes les causes d'acquisition qui peuvent être considérées comme justes titres ; qu'il me suffise de rappeler celles qui ont donné naissance à des controverses où le sens de l'art. 2279 a été mis en lumière.

Que décider, en premier lieu, à l'égard du titre *pro soluto*, lorsque le créancier a reçu en paiement des meubles qui n'appartenaient pas au débiteur? Ainsi vous m'avez promis un hectolitre de vin, *in genere*, et pour accomplir votre obligation, vous me livrez un hectolitre de vin qui ne vous appartient pas.

S'il ne fallait consulter que les principes généraux, la solution serait facile, car le titre *pro soluto* est évidemment un juste titre ; mais le doute provient de l'art. 1238, aux termes duquel : « le paiement d'une somme en argent ou d'une chose qui se consomme par l'usage, ne peut être répété contre le créancier qui l'a consommée de bonne foi, quoique le paiement ait été fait par celui qui n'était pas propriétaire. » Ne peut-on pas induire, *a contrario*, que : 1° si les choses données en paiement ne sont pas des choses consumptibles ; 2° si ces choses,

---

(1) Ceci ne s'applique toujours qu'au cas où l'objet revendiqué vaut moins de 150 fr. : autrement, il y aurait lieu à la présomption inverse ; car le détenteur serait en faute s'il n'avait pas l'acte écrit qu'il aurait dû se procurer.

lors même qu'elles seraient consumptibles, ne sont pas encore consommées, le propriétaire véritable pourra, malgré l'art. 2279, évincer le créancier?

La Cour de Paris s'est prononcée pour l'affirmative en réformant un jugement du tribunal de la Seine (1) : considérant, dit-elle, qu'aux termes de la loi (1238) il faut, pour payer valablement, être propriétaire de la chose donnée en paiement; que, par suite, le paiement fait au créancier ayant eu lieu avec des fonds qui n'appartenaient pas au débiteur, n'est point valable ; que le créancier n'établissant point, pour échapper à l'application du principe posé par l'art. 1238, qu'antérieurement à la revendication il avait consommé de bonne foi la somme versée entre ses mains, il y avait lieu d'infirmer......

63. Pour ma part, j'adopterais bien plutôt la décision du tribunal, que je trouve bien plus logique, parce qu'en respectant les principes, elle fait sagement concorder l'art. 2279 avec l'art. 1238 : attendu, dit-elle, que le revendiquant ne saurait fonder sa demande sur les dispositions de l'art. 1238; qu'en effet, si on considère cet article isolément, on n'y voit qu'un principe emprunté aux lois romaines et fixant théoriquement la condition nécessaire de celui qui paie pour la validité

. (1) Pour l'arrêt, V. Sirey, 1838, 2, 253; pour le jugement, S., 1836, 2, 193, en note.

du paiement; que si on considère ce même article, *combiné avec l'art.* 2279, l'on ne voit dans le second paragraphe de l'art. 1238 qu'une modification et une restriction aux effets du droit de revendication consacré par l'art. 2279 ; de telle sorte que la revendication qui est autorisée par ce dernier article ne peut plus avoir lieu lorsqu'il s'agit de choses fongibles et qui ont été consommées de bonne foi.

Et certes, c'est bien là le sens de l'art. 1238, comme le prouve l'auteur qui a le plus récemment écrit sur cette matière (1) ; l'art 1238 est simplement la consécration d'une règle aussi ancienne qu'équitable. Toutes les fois que la revendication des meubles est admise (par exemple, pour le droit français en cas de perte ou de vol), l'action du revendiquant contre les tiers-acquéreurs est impossible si les objets ont été consommés de bonne foi : *res bona fide consumptæ vindicari non possunt.* C'est là, du reste, un principe général établi au profit de tous les possesseurs, et non point spécialement applicable au cas où le juste titre est le titre *pro soluto.*

Au sujet de ces paiements faits avec des meubles appartenant à autrui, il s'est présenté une question qui démontre jusqu'à l'évidence que l'art. 2279 consacre une règle de prescription. On s'est demandé si le créan-

---

(1) M. Larombière. — *Contrà*, M. Burdet à son cours.

cier mis en possession des meubles qui n'appartenaient pas au débiteur, pouvait, bien qu'il fût à l'abri de toute éviction, renoncer au bénéfice de l'art. 2279 comme on renonce au bénéfice d'une prescription ordinaire (2220) et restituer au débiteur les meubles livrés, en lui demandant un nouveau paiement.

Bien que la négative ait été soutenue par de graves auteurs (1), c'est l'opinion contraire qui triomphe dans la doctrine où l'on n'admet pas que l'on puisse tourner contre le créancier un droit établi en sa faveur, et contraindre celui-ci, contrairement aux règles communes, à user d'une prescription qui répugne peut-être à sa conscience (2). Avec les principes d'interprétation que nous avons admis (3), cette règle doit nous paraître incontestable.

Mais faut-il dire réciproquement que le débiteur peut répéter la chose payée, lors même que le créancier voudrait la retenir en se fondant sur la prescription instantanée qui s'est opérée à son profit?

C'est l'avis de M. Mourlon (4) et d'un grand nombre d'auteurs qui regardent cette doctrine comme incontestable et la considèrent comme écrite en toutes lettres dans l'art. 1238. Pour ma part, je ne saurais l'y découvrir; l'art. 1238, ainsi que je l'ai dit, n'a d'autre

(1) Zachariæ (Aubry et Rau), III, pag. 103. — (2) Bugnet, sur Pothier, II, pag. 272; Marcadé, art. 1238. — (3) V. p. 60, en note. — (4) *Répét. écrit.*, II, pag. 681.

but que de rappeler la règle *res bona fide consumptæ vindicari non possunt*, et il laisse sous l'empire du droit commun les rapports respectifs du créancier et du débiteur. Or, dès que les choses lui ont été livrées, le créancier possède ; il possède à juste titre, il possède de bonne foi, et je ne sais vraiment où l'on pourrait trouver dans l'art. 1238 une dérogation explicite à l'art. 2279. Et, d'ailleurs, ne serait-ce pas violer les principes les plus élémentaires que de permettre au débiteur d'agir contre le créancier? La revendication pourrait donc être exercée par celui qui avoue n'être pas propriétaire! L'éviction pourrait donc être prononcée au profit du débiteur contre le créancier auquel il doit garantie; ce serait une singulière exception au principe *quem de evictione tenet actio,eumdem agentem repellit exceptio.*

64. Il était admis dans la législation romaine que l'opinion d'un juste titre, bien qu'elle fût fausse, pouvait conduire à la prescription lorsqu'elle était appuyée sur un raisonnable fondement : cette doctrine était spécialement enseignée à l'égard du titre *pro soluto* (1).

Quelle que soit la valeur de ce système en législa-

(1) L. 3 , D. *pro suo.* Je dois dire que M. Humbert voit, en ce cas, dans le paiement et la tradition qui l'effectue, une véritable convention qui constitue un juste titre, lors même que la dette n'existe pas. Malgré l'autorité d'un professeur aussi éminent, je fais observer que si l'on considère comme une convention l'accord des parties au mo-

tion, il est certain qu'il a été rejeté par notre droit moderne. Je pourrais démontrer cette assertion en m'appuyant sur l'autorité de l'histoire, sur de nombreuses citations d'anciens auteurs, interprètes fidèles en ce point de la Coutume de Paris (art. 113).

Toutefois, comme ce n'est point aujourd'hui une doctrine contestée, qu'il me suffise de dire qu'elle trouve un argument insurmontable, d'une part, dans l'art. 550 aux termes duquel le juste titre est un acte translatif de propriété dont on ignore les vices ; d'autre part, dans l'art. 2265, qui, en faisant du juste titre une condition différente et séparée de la bonne foi, ne peut pas entendre par là une simple croyance à un titre imaginaire ; enfin, pour ce qui concerne le titre *pro soluto*, dans les art. 1376 et 1377, qui, réglementant la *condictio indebiti*, rappellent que celui qui reçoit par erreur et de bonne foi le paiement d'une dette qui n'existe point, est obligé de restituer ce qu'il a indûment reçu ; obligation qui, le constituant, pour ainsi dire, en état de précarité, lui interdit d'invoquer soit la prescription immobilière décennale, soit la prescription mobilière instantanée.

Il est très-important, à ce point de vue, de distinguer le titre *pro emptore* de celui que j'appellerai *pro dato*

---

ment d'une tradition opérée pour réaliser un acte juridique imaginaire, il faudra dire que tous ceux qui possèdent à la suite d'une tradition quelconque (*pro emptore, pro donato*) trouvent un juste titre dans le fait de cette tradition.

*in solutum.* Si je suis votre débiteur d'une certaine somme, et que, pour vous payer, vous m'achetiez un meuble quelconque, mon cheval, par exemple, dont le prix d'achat sera compensé avec ce qui vous est dû, la prescription du meuble s'effectuera instantanément à votre profit, lors même que ma dette n'existerait pas ; en effet, ne possédez-vous point de bonne foi et en vertu d'un titre juste et réel, le titre *pro emptore?* Au contraire, si je suis votre débiteur d'une certaine somme et que vous consentiez à recevoir mon cheval en paiement, il arrivera, si je découvre que ma dette n'existait point, que votre possession, de bonne foi peut-être, sera fondée sur un titre faux, sur un titre sans existence réelle, et vous ne pourrez pas dès lors invoquer une prescription dont les éléments vous manquent.

65. Parmi les justes titres, il faut encore citer le titre *pro adjudicato.* Je suppose que, dans une saisie mobilière faite au domicile d'un débiteur, l'huissier ait compris à tort des meubles dont le saisi n'était que l'usufruitier, le locataire ou l'emprunteur. Les propriétaires dont les meubles sont mis par erreur sous la main de la justice, pourront évidemment, jusqu'à la vente, intenter une action en revendication et faire prononcer la distraction des objets mobiliers qui leur appartiennent. Toutefois, en ce qui concerne ces derniers, je dois dire que les fraudes si fréquentes du débiteur, qui, pour soustraire quelques meubles à l'action des créanciers, trouve facilement des revendiquants de complaisance,

ont conduit les tribunaux à déployer une grande rigueur. Ils exigent, en général, que pour établir leurs droits les demandeurs en distraction produisent des actes ayant date certaine antérieure aux poursuites (1).

Mais lorsque la vente s'est opérée sans que le propriétaire soit intervenu, il est certain que l'adjudicataire trouve dans la maxime *en fait de meubles, la possession vaut titre*, une garantie complète contre toute éviction. Je dis une garantie complète, car nous verrons plus loin que, même dans le cas où la chose serait furtive, le propriétaire véritable ne pourrait évincer l'adjudicataire qu'en lui remettant le prix que celui-ci a déboursé. Les enchères après saisie étant en effet un marché public, l'acquéreur se trouverait dans le cas exceptionnel de l'art. 2280.

Si, par une cause quelconque, le propriétaire des meubles saisis chez un tiers n'a pu être informé de la saisie et de la vente, il sera très-injustement spolié au profit des créanciers du détenteur. Sans doute il a un recours contre le saisi ; mais, outre que ce recours ne peut le remettre en possession de sa chose elle-même, on comprend qu'il sera presque toujours illusoire.

Aussi s'est-on demandé si ce propriétaire, tout en respectant les tiers-acquéreurs, pourrait agir contre les créanciers désintéressés, en se fondant sur l'article

---

(1) Inutile d'ajouter que cela ne pourrait cependant s'appliquer aux meubles de faible valeur.

1377 du Code Napoléon qui permet un recours contre le
créancier à celui qui par erreur a acquité la dette d'autrui.
D'autre part, n'existe-t-il pas au profit de ce propriétaire
une action *de in rem verso* basée sur ce grand principe
d'équité : *jure naturæ æquum est neminem cum alte-*
*rius detrimento et injuria locupletari?*

La question peut paraître douteuse, parce que si les
suggestions de l'équité inspirent une solution favorable
au propriétaire dépouillé, les principes du droit com-
mandent une solution contraire, toute en faveur des
créanciers du saisi. En premier lieu, il n'est pas exact
de dire que ces derniers se soient enrichis, car l'on ne
s'enrichit point en recevant le paiement d'une dette,
*suum receperunt*. D'autre part, l'art. 1377 n'est point
applicable ; car ce n'est pas le propriétaire lui-même qui
a payé, c'est la justice, et l'erreur commise par celle-ci
ne peut être imputable aux créanciers. Enfin, ce ne
sont point les meubles saisis qui ont été donnés en
paiement aux créanciers, c'est le prix de leur vente : or,
je suppose qu'un dépositaire vende à l'amiable le meuble
déposé et emploie le prix reçu à payer sa propre dette ;
le déposant n'aura pas d'action contre l'acquéreur (2279) ;
en aura-t-il une contre le créancier qui, en recevant
son paiement, ne devait point, il me semble, s'inquiéter
de l'origine des deniers reçus ? Tout le monde répondra
non. Dès lors, je demanderai pourquoi l'on déciderait
autrement dans une hypothèse tout-à-fait analogue.

Je ne reviens point sur ce que j'ai dit plus haut du
titre *pro donato* qui conduit à la prescription tout aussi

bien que le titre *pro emptore : pro donato is ûsu-capit cui, donationis causa, res tradita est* (1). Je sais que dans sa thèse de doctorat, M. Carel a soutenu, en position, que l'art. 2279 ne s'appliquait point aux acquisitions à titre gratuit, et je serais fort curieux de connaître les arguments que le candidat invoquait à l'appui de cette étrange opinion : toutefois, comme il m'est impossible de les entrevoir, je me borne à signaler cette singulière doctrine, déclarant, pour ma part, que loin d'être séduit par elle, je me rallie humblement à l'opinion de tout le monde, en répétant, avec Pothier : « Pour acquérir la prescription, il faut qu'il y ait juste titre ; mais peu importe que ce titre soit lucratif ou onéreux (2). »

### III. — BONNE FOI.

66. La bonne foi consiste dans la conviction où doit être le possesseur que celui dont il tient la chose en avait la propriété et était capable de la transmettre. Nous savons qu'elle se présume toujours (art. 2268).

La prescription mobilière s'opérant d'une manière instantanée, c'est-à-dire en même temps que l'acquisition, il résulte que si la bonne foi a existé à ce moment, la mauvaise foi survenue postérieurement n'a aucune

---

(1) L. 7. D. *pro donato.* Voy, *supra*, pag. 87. — (2) Pothier, *Prescript.*, n° 63.

influence légale. C'est, d'ailleurs, ce qui a lieu pour les immeubles (art. 2269), avec cette différence toutefois qu'en matière immobilière où la prescription exige une possession continue, on peut critiquer comme immorale la disposition de l'art. 2269, tandis qu'en matière mobilière, l'usucapion s'opérant sans délai, on ne saurait voir un possesseur devenu de mauvaise foi, ayant néanmoins une possession utile.

Mais il ne faut pas dire, à l'inverse, que si l'acquéreur était de mauvaise foi au moment de son acquisition, la bonne foi survenue postérieurement n'aurait aucune influence. Loin de là, il me semble que, dans dans bien des circonstances, la bonne foi ainsi survenue complèterait les éléments de la prescription qu'elle rendrait tout aussitôt possible. Ainsi, Primus a acheté tel objet meuble qu'il croyait avoir été volé; postérieurement il découvre qu'il n'y a pas eu vol et que le vendeur, loin de l'avoir volé, était un détenteur propriétaire apparent. Qui doute qu'aussitôt après cette découverte, la prescription se sera opérée au profit de l'acheteur?

67. Pour apprécier la bonne ou mauvaise foi d'un possesseur, les juges peuvent recourir non seulement à la preuve testimoniale, mais encore aux simples présomptions. Ils ont reconnu souvent la preuve de la mauvaise foi dans la clandestinité du contrat d'acquisition ou dans l'inaccomplissement de formalités purement comminatoires. On peut voir, à ce sujet, deux décisions de la Cour de Paris, dont l'une évince un possesseur

parce qu'il n'a pris aucune précaution pour s'assurer de la propriété en la personne du vendeur « ayant acheté des effets publics d'un inconnu, hors de la Bourse et sans l'intermédiaire d'un agent de change (1), » dont l'autre condamne un changeur de monnaies, parce n'ayant pas inscrit sur ses registres une acquisition de titres au porteur, il se met, par cette omission, dans l'impossibilité de faire connaître son cédant, et que, d'ailleurs « l'exception de bonne foi est essentiellement subordonnée à l'accomplissement des formalités que la loi lui impose (2). »

68. A la différence des détenteurs précaires qui ne prescrivent jamais, le possesseur de mauvaise foi peut invoquer, non pas la prescription triennale qui n'a été faite que pour les acquéreurs de bonne foi, des choses perdues ou volées, mais la prescription trentenaire qui couvre tout.

Ceci m'amène à dire qu'il ne faut pas assimiler les choses volées ou perdues aux choses possédées de mauvaise foi ; les premières sont entachées d'un vice que les Romains auraient appelé *rei cohærens*; le législateur les marque, pour ainsi dire, d'une empreinte légale qui les rend momentanément imprescriptibles ; au contraire, le vice résultant de la mauvaise foi est purement relatif, il est *personæ cohærens*, et il s'efface dès

---

(1) Sirey, 1859, 2, 621. — (2) Sirey, 1858, 2, 662.

que l'objet sort des mains du possesseur ; il suit de là,
que si je détiens une chose que j'ai acquise de mauvaise
foi et une chose que j'ai volée, le tiers qui achètera l'une
et l'autre sans connaître les vices de ma possession,
prescrira instantanément la première, tandis qu'il pourra,
pendant trois ans, être évincé de la seconde.

Cette distinction nous servira à résoudre la question
suivante : le détenteur de mauvaise foi d'un objet mobilier le vend à un acheteur de bonne foi qui le transmet tout aussitôt à un troisième acquéreur de mauvaise
foi, c'est-à-dire connaissant le vice de la première vente.
Ce dernier acquerra-t-il la propriété de l'objet mobilier ?
Je n'en fais nul doute, car le second acheteur étant
devenu, au moyen de la prescription instantanée, propriétaire légitime et incommutable, était capable de
tranférer à son tour le droit dont il était investi. A
proprement parler, on ne peut pas même dire que le
dernier acquéreur était de mauvaise foi, puisque étant
censé connaître l'art. 2279, il a dû savoir que le vendeur
avait la propriété définitive de l'objet vendu. On voit
par là que la possession de mauvaise foi, étant un vice
relatif et dépendant de la personne, s'efface dès que l'objet arrive entre les mains d'un possesseur de bonne foi ;
tandis que si la chose était volée, toutes les ventes et
reventes successives ne sauraient rien changer à ce caractère de la chose.

# CHAPITRE IV.

## Des exceptions en cas de Perte ou de Vol
### à la maxime : en fait de meubles la possession vaut titre.

## ARTICLE PREMIER.

### SOMMAIRE.

69. Des motifs législatifs de ces exceptions.
70. L'exception admise au cas de vol peut-elle être étendue au cas d'escroquerie ou d'abus de confiance?
71. De l'hypothèse où les soustractions frauduleuses ne donnent lieu qu'à des réparations civiles.
72. 1° Des choses perdues. Attribution des épaves.
73. Suite. Les lois spéciales pour l'attribution des épaves font exception à l'art. 2279; épaves maritimes.
74. Suite. Des épaves fluviales.
75. Des épaves de terre : leur attribution est régie par le droit commun.
76. Des choses égarées assimilées aux épaves.
77. Le délai de trois ans après lequel la revendication des choses volées ou perdues n'est plus admise constitue-t-il une prescription ou une déchéance?
78. Constitue-t-il pour le possesseur une prescription acquisitive ou libératoire ?
79. 2° Des choses volées. Caractères du vol.
80. Des fruits des objets volés.
81. Comment les choses volées cessent d'être considérées comme telles.
82. La prescription de l'action criminelle résultant du vol entraîne-t-elle la prescription de l'action civile ?

69. Je ne crois pas qu'il soit nécessaire de justifier, au point de vue législatif, les exceptions que l'art. 2279 apporte à la généralité de la règle *en fait de meubles, la possession vaut titre.* Pour ce qui concerne le cas de vol, on comprend sans peine qu'un délit, commis peut-être avec violence, ne devait pas être pour le propriétaire une cause, même indirecte, de spoliation, avant que celui-ci ait eu le temps de recourir à la justice. Si le législateur romain avait placé dans une classe à part les choses furtives, s'il leur avait imprimé un caractère indélébile qui empêchât à tout jamais leur prescription, la loi française ne devait-elle pas, elle aussi, mettre les choses volées dans une classe spéciale, et, sans accepter l'exagération de la loi ancienne qui interdisait de les prescrire, consacrer au moins un délai suffisant pour permettre au propriétaire spolié de rentrer en possession de sa chose.

Pour ce qui concerne le cas de perte, j'avoue que l'exception ne me paraît pas aussi louable : sans doute, aux yeux des jurisconsultes qui assimilent les choses perdues aux choses volées en voyant un véritable vol dans le fait de l'inventeur qui s'en empare, cette exception n'a rien que de très-naturel ; mais pour ceux qui, comme nous, n'acceptent point une telle doctrine, il semble étrange que la loi accorde une protection spéciale au propriétaire qui le plus souvent, par incurie, laisse s'égarer tel ou tel meuble; tandis que celui qui est dépouillé à la suite d'un délit, par exemple, d'un

abus de confiance (1) qu'il ne devait pas raisonnable-
ment prévoir, tombe sous l· ···up de la règle commune.

Le délai consacré pour nos cas exceptionnels est de
trois ans ; je remarque, avec M. Demolombe, que « c'est
presque toujours celui que notre Code assigne aux actions quelconques qui reposent sur une sorte de droit
de suite plus ou moins imparfait relativement au mobilier (2). »

70. La plus grave question que comporte cette partie
de notre sujet est évidemment celle de savoir si les
exceptions de l'art. 2279 doivent être limitativement
interprétées et restreintes dans les termes mêmes adoptés
par le législateur, ou si elles sont, au contraire, susceptibles d'une extension quelconque par la voie de l'analogie.

Il me semble qu'il suffit de poser la question dans
ces termes pour que la solution arrive d'elle-même.
On demande si les exceptions sont de droit strict ou si
elles peuvent s'étendre par la voie de l'analogie? Quel
jurisconsulte ne répond tout aussitôt « *exceptiones
sunt strictissimæ interpretationis ; exceptio, in ca-
sibus non exceptis, firmat regulam.*

Il s'est pourtant présenté des auteurs assez peu

---

(1) V. *infra*, pag. 117. — (2) V. tom. xvii, nº 171, comp. l'art. 889
pour le cas de séparation des patrimoines et l'art 809 pour le cas de
partage.

soucieux des expressions formelles de la loi pour étendre l'exception de l'art. 2279 relative au cas de vol,
non seulement au cas d'escroquerie, mais encore au cas
d'abus de confiance (1).

Ceux qui font des concessions aussi larges doivent
reconnaître qu'ils rendent un peu illusoire la disposition principale du législateur ; en effet, dans leur système, les cas d'application de la maxime *en fait de
meubles...*, *etc.*, seront mille fois moins nombreux que
les cas d'exception, et l'on devra dire, comme la loi
romaine, *in rebus mobilibus non facile procedit usu-
capio ; nam qui alienam rem vendidit vel ex alia
causa tradidit, furtum ejus committit* (2).

Qu'une telle doctrine ait sa valeur en législation, je
n'oserais le nier, et sans doute chacun trouverait fort
équitable un article ainsi conçu : « *La revendication
des meubles sera admise toutes les fois que le propriétaire aura été dépossédé par suite d'un délit ;* »
mais enfin, ce que le législateur aurait pu faire, il ne
l'a pas fait ; il a été dominé par ce principe que l'acquéreur de bonne foi d'un objet mobilier devait toujours être préféré au revendiquant. A cette règle il
consacre *une* exception pour les choses *perdues* ou
*volées* ; est-ce à dire qu'il en consacre *plusieurs* pour des
choses qui n'ont été ni perdues ni volées, mais dont la

---

(1) Toullier, tom. xiv, nos 118 et 119; Sirey, 1832, 2, 348. —
(2) *Inst.*, liv, ii, tit. vi, § 7.

transmission est entachée d'une fraude quelle qu'elle soit.

Cette opinion est du reste généralement admise en ce qui concerne l'abus de confiance (1).

Pour l'escroquerie, au contraire, nous trouvons une vive résistance à la saine doctrine et des cours impériales, adoptant sur ce point l'avis de M. Troplong, ont déclaré, dans des décisions récentes, que l'expression générique *Vol* employée par l'art. 2279 devait évidemment s'étendre au cas d'escroquerie.

Les motifs de ces décisions sont, comme on doit le prévoir, des considérations législatives et équitables qui viennent échouer contre l'argument juridique que nous exposions tout-à-l'heure.

Bien plus, même au point de vue législatif, ces considérations ne sont pas toujours exactes ; ainsi la raison principale des arrêts cités consiste à dire : « L'exception relative au cas de vol est fondée sur ce qu'il n'y a point de la part du propriétaire consentement au dessaisissement de sa chose ; or, dans le cas d'escroquerie, le propriétaire n'a donné aucun consentement ; donc *ubi eadem ratio, ibi idem jus.* »

Eh bien, c'est là une erreur : le propriétaire victime de l'escroquerie ne se dessaisit point, sans donner un

---

(1) Bordeaux, 3 janvier 1859 ; S. 1859, 2, 452 ; Paris, 20 mars 1856 ; S., 1856, 2, 408 ; Sic Vazeille, tom. II, n° 673 ; Troplong, tom. II, n° 1070 ; Duranton, tom. IV, pag. 433 et tom. XV, pag. 328 ; Curasson, *Comp. des juges de paix*, tom. I, pag. 209.

consentement et un consentement sérieux ; sans doute, il est trompé par des manœuvres déloyales, et jamais il n'eût donné de consentement s'il eût connu l'escroquerie ; mais n'est-ce point là ce qui se passe dans le cas d'abus de confiance , dans le cas de fraude , de dol , de mauvaise foi , et si l'on veut ranger tous ces cas au nombre des causes qui donneront lieu à la revendication des objets mobiliers, la maxime de l'art. 2279 ne sera, ce me semble, que bien rarement applicable (1).

71. Que décider toutefois dans l'hypothèse de l'art. 380 du Code pénal, aux termes duquel les *soustractions commises par des maris au préjudice de leurs femmes, par des femmes au préjudice de leurs maris, par des enfants au préjudice de leur père ou mère, par des père ou mère au préjudice de leurs enfants... ne peuvent jamais donner lieu qu'à des réparations civiles?* Faut-il dire que, dans les cas mentionnés, la loi pénale ne reconnaissant pas le délit, les choses soustraites ne sauraient rentrer dans la catégorie des choses volées?

Ce serait mal interpréter la loi que de décider ainsi; il existe dans l'hypothèse prévue par l'art. 380 du Code pénal un véritable vol; si le législateur ne permet pas d'intenter l'action criminelle contre les personnes qu'il

---

(1) Sirey. 1336, 2, 18, 1836, 2, 193 ; Curasson, *op. cit.*, tom. v, p. 209. *Contra*, M. Troplong, tom. ii, n° 1069; Sirey, 1831, 2, 91.

désigne, c'est par des motifs qui ne s'appliquent évidemment qu'à elles. A tout autre point de vue, tant à l'égard des personnes, des complices par exemple, qu'à l'égard des choses, le fait délictueux doit produire ses conséquences légales : « *res in furtivam causam cadit*, disait la loi romaine, *nec ob id ab ullo usucapi potest antequam in domini potestatem revertatur, sed furti actio non nascitur* (1). »

72. Étudions maintenant les caractères distinctifs des choses perdues et des choses volées ;

I. *Des choses perdues.* — Les choses perdues sont celles dont le propriétaire est ignoré ; on les désigne habituellement sous le nom d'*épaves*. Il est important de ne pas les confondre avec les *res derelictæ*, que le propriétaire rejette parce qu'il ne les veut plus, ou avec les choses *nullius*, qui n'ont jamais appartenu à personne.

Notre sujet nous conduit nécessairement à rechercher les droits de l'inventeur sur les épaves ; il est bien clair, en effet, que si l'inventeur ou l'Etat, comme il arrive en plusieurs cas, acquiert avant trois années de possession la propriété exclusive des choses perdues, le tiers-acquéreur ne sera point soumis pendant un aussi long délai à l'action en revendication.

(1) *Instit.*, liv. iii, tit. i, § 12.

Or notre législation présente sur ce point une fâcheuse lacune ; nous sommes obligés, pour certaines catégories de choses perdues, de recourir à d'anciennes ordonnances, tandis que pour d'autres catégories, il n'existe ni ordonnance ancienne ni loi nouvelle.

Partant de ce point de vue, nous reconnaîtrons quatre espèces d'épaves (1) :

1° Les épaves maritimes ;

2° Les épaves des cours d'eau navigables ou flottables ;

3° Les épaves des cours d'eau non navigables ni flottables et les épaves de terre ;

4° Enfin, certaines choses égarées dans des cas particuliers et qui sont assimilées aux épaves.

73. Les épaves maritimes sont régies par l'ordonnance de 1681, aux termes de laquelle les vaisseaux et effets échoués ou trouvés sur le rivage qui ne sont point réclamés dans *l'an et jour*, doivent être partagés également entre le roi et l'amiral (art. 26). Quant aux effets naufragés trouvés en pleine mer ou tirés du fond de la mer, le tiers doit être délivré en espèces à ceux qui les ont sauvés et les deux autres tiers déposés pour être rendus aux propriétaires s'ils les réclament dans l'an et jour, après lequel temps ils doivent être partagés entre le roi et l'amiral.

_____

(1) J'emprunte cette division à M. Demolombe, V. *Successions*, tom. 1, n° 6.

Ces dispositions sont encore aujourd'hui en pleine vigueur, l'État ayant recueilli les droits attribués au roi et à l'amiral.

Il en résulte que le propriétaire peut revendiquer les effets naufragés sauf à déduire, en certain cas, un tiers de leur prix, qui reste entre les mains de l'inventeur ; mais sa revendication n'est jamais possible que pendant l'an et jour.

Ce délai ne commence à courir que du moment où les publications ont été faites par l'autorité à la suite de la déclaration de l'inventeur ; en l'absence de cette déclaration ou des publications qui doivent la suivre, et qui sont une condition *sine qua non* de l'exercice des droits attribués à l'État ou à l'inventeur, le tiers acquéreur retomberait sous le droit commun de l'art. 2279 et serait pendant trois ans passible d'une éviction.

On peut voir encore divers cas d'attributions d'épaves dans les art. 2, 35 et 36 du livre III, titre VIII de l'ordonnance de 1681. Le système du législateur y est toujours le même : invention, déclaration obligatoire à l'autorité, puis attribution à l'État au bout d'un délai *d'an et jour* de la totalité ou d'une quote-part des objets. Je n'insiste point sur toutes ces dispositions ; mon seul but est de rappeler qu'elles contiennent une dérogation à notre art. 2279, puisque dans tous ces cas les choses perdues ne peuvent être revendiquées que pendant un an, et que ce délai ne commence point à courir, comme dans l'art. 2279, du jour de la perte, mais du jour où les publications ont été faites.

**74.** 2° Les *épaves fluviales* sont régies par l'ordonnance de 1669 sur les eaux et forêts. L'art. 16 du titre xxxi ordonne à l'inventeur de faire sa déclaration à l'autorité compétente en même temps que le dépôt au greffe des objets trouvés. Si dans le délai d'*un mois* ils ne sont point réclamés par leur propriétaire, leur vente s'opère au profit de l'État, qui doit encore remettre les deniers perçus s'ils sont réclamés dans *le mois* à partir de la vente.

Malgré les doutes élevés par M. Demante, tous les auteurs reconnaissent que ces dispositions sont encore applicables. Le tiers acquéreur sera donc toujours à l'abri de l'éviction lorsqu'il tiendra la chose perdue de l'État, et il n'y aura lieu à la revendication pendant trois ans qu'autant que l'inventeur aura lui-même transmis l'épave sans déclaration faite à l'autorité.

**75.** 3° Pour l'attribution des *épaves de terre* et des cours d'eau *non navigables ni flottables*, il n'existe aucune loi spéciale.

Aussi Proudhon (1) a-t-il pensé qu'il fallait, sur ce point, suivre encore aujourd'hui les vieilles règles de nos coutumes. Cette opinion est universellement rejetée.

Un second système, dont les partisans ne sont guère

(1) *Du Domaine privé*, tom. 1, n° 127.

plus nombreux (1), invoque pour l'attribution de ces épaves les articles 539 et 713 du Code Napoléon, aux termes desquels les biens vacants et sans maître sont déclarés appartenir à l'État. L'erreur de cette doctrine consiste à appliquer aux choses perdues qui ne sont ni *des biens vacants ni des biens sans maître,* des dispositions que le législateur ne décrétait qu'en vue des universalités de meubles, telles que les successions vacantes, et non point en vue d'objets mobiliers déterminés.

Enfin, une troisième opinion, qui sera la nôtre, reconnaît qu'à défaut de lois spéciales, il faut recourir au droit commun. Mais sur ce mode d'application du droit commun, on a proposé une erreur très-grave, dont la réfutation va nous permettre d'insister sur le véritable sens des dispositions exceptionnelles que nous étudions en ce moment.

Le droit commun, auquel nous devons recourir, est évidemment la prescription. Quelle sera donc la prescription applicable ?

Une décision du ministre des finances, rendue le 3 août 1825 « considérant qu'il est de principe qu'en fait de meubles la possession vaut titre » et que ce principe, faut-il ajouter, souffre une exception en ce qui concerne les choses perdues qu'on peut revendi-

---

(1) Merlin, *Répert.*, V. Épaves; Favard, *Répert.*, V. Propriété, sect. 2, n° 11.

quer pendant trois ans, déclare que les objets trouvés et déposés au greffe par l'inventeur lui seront remis après ce délai de trois ans, si le propriétaire ne les a pas réclamés.

Or, ce considérant et cette décision impliquent une très-grave erreur; car les exceptions de l'art. 2279 tout aussi bien que le principe lui-même n'ont en vue que les tiers-acquéreurs qui ont juste titre et bonne foi.

L'inventeur a-t-il un juste titre, un titre translatif de propriété dont il ignore les vices? Est-il de bonne foi? A-t-il pu croire que le *tradens* était propriétaire et avait intention d'aliéner? non, bien certainement. Donc, l'inventeur ne peut invoquer des dispositions exceptionnelles qui n'ont pas été faites pour lui.

Qu'arrivera-t-il, d'ailleurs, dans le système consacré par la décision ministérielle qui veut invoquer l'article 2279? Le propriétaire véritable ne pouvant revendiquer que pendant trois ans à dater de la perte, l'inventeur qui trouverait l'objet trois ans moins un jour après la perte en deviendrait presque aussitôt propriétaire. Serait-ce une solution équitable?

La véritable doctrine appuyée réellement sur le droit commun ne reconnaît dans notre hypothèse d'autre prescription possible que celle qui court au profit des possesseurs de mauvaise foi, c'est-à-dire la prescription trentenaire.

C'est pourquoi, selon l'observation très-juste de M. Demolombe, celui-là même qui aurait acheté sciemment de l'inventeur la chose perdue ne pourrait pas invoquer la disposition exceptionnelle de l'art. 2279 et resterait en droit, pendant trente années, sous le coup de l'éviction.

Quant aux tiers-acquéreurs de bonne foi, ils trouveraient dans leur possession une garantie inexpugnable.

76. 4° Il existe pour l'attribution de certaines choses égarées, qui sont assimilées aux épaves, des dispositions spéciales.

Ainsi la loi du 11 germinal an IV déclare que les objets déposés dans les greffes et qui ne sont pas réclamés après le jugement de la contestation sont vendus au profit de l'Etat, et que les propriétaires n'ont qu'une année à partir de la vente pour en réclamer le prix (ce délai a été prolongé jusqu'au terme de trente ans par une ordonnance du 22 février 1839 ).

Un décret du 13 août 1810 déclare que les balles, caisses, paquets…, etc., confiés à des entrepreneurs de roulage ou de messagerie, lorsqu'ils ne sont pas réclamés dans les six mois de l'arrivée au lieu de leur destination, sont vendus après publication préalable, le propriétaire étant admis pendant deux ans à en réclamer le prix.

On peut consulter encore la loi du 6 août 1791 ( tit. IX ) pour les marchandises abandonnées dans les bureaux de douane, et la loi du 31 janvier 1833 pour les sommes versées aux caisses des agents des postes.

77. En reconnaissant le fait même de la perte ou du

vol comme point de départ du délai de trois années
pendant lequel le propriétaire peut exercer la revendication des objets volés ou perdus, le législateur a imprimé à la prescription de ces objets un caractère spécial
ou plutôt il a été conséquent avec lui-même en maintenant dans la disposition exceptionnelle de l'art. 2279,
l'idée même qu'il avait admise dans la règle.

Je veux dire par là qu'il n'exige jamais du détenteur
d'un objet mobilier une possession plus ou moins
longue pour arriver à la prescription. Ainsi, un diamant
a été perdu le 1er janvier 1859, il est trouvé le 25 décembre 1861 par Primus qui le vend à Secundus le
1er janvier 1862. Celui-ci deviendra, par la vente, propriétaire irrévocable, bien que sa possession ait à peine
duré quelques instants.

Faut-il conclure de là que la disposition exceptionnelle
de l'art. 2279 énonce une déchéance et non pas une
prescription? C'est encore une dispute de mots assez
vaine dès qu'on est d'accord sur les choses.

Toutefois, M. Carel (1) insiste sur ce point ; selon lui,
il s'agit d'une déchéance et la nature de cette déchéance
fournit un argument puissant pour établir que l'article 2279 ne consacre pas une prescription ; dès là
qu'on ne peut pas dire que les meubles volés se prescrivent par trois ans, on ne pourra dire non plus que
les meubles se prescrivent instantanément, et de même

_____

(1) Thèse de doctorat

qu'il y a déchéance, après trois ans, de la revendication des choses volées, de même on doit dire qu'il y a dé-chéance immédiate de la revendication des meubles non furtifs.

Malgré ces petites arguties, je maintiens l'interpréta-tion que j'ai présentée plus haut (1), et j'ajoute que la disposition exceptionnelle de l'art. 2279, tout aussi bien que le principe lui-même est un cas de prescrip-tion.

On parle, il est vrai, de déchéance. — Certes, si l'on veut appeler déchéance la position d'un créancier qui, ayant demeuré trente ans sans exercer de poursuites contre son débiteur, se voit opposer son inaction ; si l'on veut appeler déchéance la position d'un propriétaire qui ne peut plus exercer son action en revendication parce que l'objet de son action se trouve entre les mains d'un tiers qui a juste titre et bonne foi, et qui exerce sur cet objet une possession légale, je consens très-bien à dire que, dans le cas qui nous occupe, le propriétaire est simplement déchu de son action en revendication : j'ajouterai seulement que, dans un langage plus précis, cette sorte de déchéance se nomme prescription.

Pourquoi forcer le législateur à de telles subtilités ? le raisonnement que je combats me rappelle celui que j'entendis présenter un jour : il s'agissait d'un texte de loi déclarant que certaines épaves, après un délai dé-

---

(1) V. *supra*, pag. 59.

terminé, ne pourraient plus être réclamées par les propriétaires. Y avait-il par cela même attribution à l'Etat
ou à d'autres ? — Nullement, disait un interlocuteur, il
y avait simplement, pour le propriétaire, déchéance de
l'action en revendication.

78. Pour que le tiers-acquéreur d'un objet perdu ou
volé arrive à une propriété irrévocable, il faut donc, indépendamment des conditions requises pour l'application
de la maxime *en fait de meubles la possession vaut
titre* (c'est-à-dire possession, juste titre, bonne foi),
que l'action en revendication soit prescrite contre le
propriétaire primitif.

Toutefois, s'il s'agit, dans la disposition exceptionnelle de notre article, d'une véritable prescription, il ne
faut point dire, comme un auteur (1), qu'il s'agisse d'une
prescription libératoire. Selon les paroles mêmes de cet
auteur, la prescription libératoire est l'extinction de
l'obligation par l'inaction du créancier, continuée pendant un certain temps ; or, je demande de quelle obligation serait tenu le tiers-acquéreur, quelle serait la
créance du propriétaire contre lui.

Au contraire, et toujours d'après la définition de
M. Mourlon lui-même, la prescription acquisitive est
l'acquisition de la propriété d'une chose par la possession légale. N'est-ce point le cas de notre article et n'est-

---

(1) M. Mourlon, *Répét. écrit.*

il pas vrai, dans l'exception comme dans la règle, que le tiers acquière la propriété d'un meuble par la possession légale qu'il en a?

J'avoue seulement qu'au lieu d'exiger simultanément, comme dans les autres prescriptions acquisitives, l'inaction du propriétaire et la possession légale du tiers pendant un même délai, le législateur n'exige, pour reconnaître une prescription accomplie, qu'une possession instantanée de la part de l'acquéreur et une inaction de trois ans chez le propriétaire.

79. II. Arrivons maintenant à ce qui concerne les choses volées.

L'art. 479 du Code pénal a donné du vol une définition qui, comme toutes les dispositions de la loi criminelle, doit être interprétée *sensu stricto* et à laquelle il faut s'attacher de très-près pour reconnaître, dans des hypothèses variées, les éléments constitutifs du vol ou d'un délit analogue.

Le vol, dit le texte, est la soustraction frauduleuse de la chose d'autrui.

*La soustraction frauduleuse.....* Je conclus qu'il n'y a pas vol toutes les fois que le propriétaire lui-même a consenti à transférer la possession de la chose (c'est le cas de l'escroquerie ou de l'abus de confiance).

Je conclus également qu'il n'y a pas vol lorsque le propriétaire a perdu la possession : on ne saurait, en effet, lui soustraire un objet qu'il ne possède point.

Ainsi, je ne reconnaîtrais pas un vol dans le fait de retenir frauduleusement un objet appartenant à autrui et trouvé par hasard. Je dois dire que, sur ce dernier point, la solution contraire réunit la majorité des suffrages (1).

Le fait de la soustraction et l'intention frauduleuse doivent être simultanés ; c'est pourquoi, même dans l'opinion que je viens de réfuter, il ne faut pas regarder comme un vol le fait de celui qui, ayant recueilli une chose perdue sans intention frauduleuse, conçoit postérieurement le dessein de retenir et de s'approprier la chose. Il n'y a pas plus vol en pareil cas qu'il n'y a recel lorsqu'un tiers ayant reçu de bonne foi les objets acquiert postérieurement la connaissance du délit.

80. Que faut-il décider pour les fruits des objets volés ? Ainsi pour prendre l'hypothèse de la loi romaine, je suppose le vol d'un troupeau, le voleur vend à un tiers la tonte des moutons. Doit-on considérer la laine comme chose furtive, de telle sorte que l'acquéreur ne puisse jamais l'usucaper en droit romain et ne la prescrire en droit français que par le laps de trois ans à dater du vol ?

---

(1) Cass., 28 mars 1846 ; S. 1846, 1, 328 ; Chauveau et Hélie, t. VI, pag. 579. — M. Demolombe, en adoptant cet avis, avance, il me semble, une idée inexacte en disant que le mot soustraction dans notre loi pénale exprime l'idée du droit romain qui définissait le vol *contrectatio fraudulosa.* Avec une telle doctrine, comment distinguer le vol de l'escroquerie ou de l'abus de confiance ?

Les lois du *Digeste* (1) reconnaissaient que les fruits étaient furtifs par cela seul qu'ils avaient été perçus chez le voleur, à quelque époque que ce fût : *lana ovium furtivarum, si quidem apud furem detonsa est, usucapi non potest ;* au contraire, ils attribuaient aux tiers acquéreurs de bonne foi des objets volés, les fruits de ces objets ; ce n'était là, du reste, que le droit commun en ce qui concerne les possesseurs de bonne foi.

Pour ma part, je n'accepterais point la solution des lois du *Digeste* sans considérer si les fruits ont été perçus par le voleur ou par un tiers ; je regarderais comme furtifs ceux qui existaient au moins en germe au moment de la soustraction, tandis que je ne considérerais point comme volés ceux qui, n'existant pas au moment ou le vol a été commis, n'ont jamais été frauduleusement soustraits. Ainsi je ne considérerais point comme chose furtive le poulain qui naîtrait d'une jument volée, deux ans après le vol ; mais je le considérerais comme tel si à cette époque il était seulement conçu. Sur le premier point, je me trouve donc en contradiction avec les lois romaines, qui ne sont pas elles-mêmes très-concordantes à ce sujet (2).

81. On peut également voir dans les lois romaines comment les choses furtives peuvent rentrer dans la catégorie des meubles ordinaires, lorsque le vice qui les

(1) L. 4, § 19. *Paul.* lib. 41, tit. III. — (2) L. 48, § 5, lib. 47, tit. II.

affectait est purgé par leur retour en la possession du propriétaire. « *Res furtiva non usucapitur nisi in potestatem ejus cui subrepta est revertatur* (1). »

Il me suffira de rappeler les règles suivantes :

1° Le propriétaire doit rentrer en possession effective de sa chose et avoir conscience de la restitution qui s'opère à son profit ; peu importe, au reste, qu'il ait ou qu'il n'ait pas exercé de poursuites criminelles ou civiles ; peu importe que la restitution s'opère à la suite d'une transaction, ou même moyennant le prix de l'objet si le propriétaire a connaissance du vol.

2° Le voleur peut purger aussi le vice de sa possession toutes les fois qu'il acquiert de nouveau la chose en vertu d'un juste titre ; ainsi il peut devenir l'acheteur, le donataire ou l'héritier du propriétaire spolié.

82. A cette partie de notre sujet se rapporte une question fort grave : le meuble volé cesse-t-il d'être considéré comme tel et le voleur est-il à l'abri de toute éviction lorsqu'il s'est écoulé trois ans sans poursuites ? Ce dernier, en un mot, peut-il invoquer avec succès l'art. 638 du Code d'instruction criminelle qui déclare que l'action civile résultant d'un délit se prescrit, ainsi que l'action criminelle, par trois ans ?

---

(1) L. 4, § 21, lib. 41, tit. III.

Si l'on admet l'affirmative, il faudra arriver à ce résultat bizarre que le voleur et l'acquéreur de mauvaise foi d'un meuble volé seront traités absolument comme l'acquéreur de bonne foi. Trois ans sans poursuites seront nécessaires et suffisants pour mettre les uns et les autres à l'abri d'une éviction.

Or, si étrange que puisse paraître une telle doctrine au point de vue de l'équité, c'est pourtant la doctrine vraiment légale, et c'est aussi celle qui a été consacrée par la jurisprudence (1). Les auteurs qui n'ont pas voulu l'admettre (2) résistent ouvertement à l'art. 638 du Code d'instruction criminelle, dont les termes ne laissent aucun doute et dont les motifs, basés sur des considérations d'intérêt public, ne sauraient être mis en échec par l'intérêt privé. « L'effet de la prescription établie par cet article, dit Mangin (3), est d'établir la présomption légale que le fait dommageable n'a point existé. On ne peut donc rien réclamer sur le fondement de l'existence de ce fait, et il n'y a plus à distinguer, comme le faisaient quelques parlements, comme l'ont enseigné d'anciens criminalistes, entre les dommages-intérêts qui font un capital par eux-mêmes ( comme la restitution des choses volées) et les dommages-intérêts qui ne sont qu'un accessoire du fait incriminé (4). »

---

(1) Bordeaux, 15 avril 1829, C. N. 9, 2, 251.— (2) Troplong, *Prescr.* tom. II, n° 1049; Marcadé, sur l'art. 2279, n° 5; Zachariæ, § 186, note 7. — (3) Action publ., tom. II, n° 366. — (4) Carnot, tom. II, pag. 611; Le Sellyer, n° 2311; Faustin-Hélie, pag. 791 et suiv.

Cette simple argumentation me semble invincible, et
lorsque M. Troplong déclare que c'est *le comble de
l'absurdité* de ne mettre aucune différence entre le
voleur et celui qui aurait acheté de lui de bonne foi, il
me semble que le savant magistrat fait plutôt un reproche
au législateur qu'aux jurisconsultes et aux interprètes
qui se courbent docilement sous la loi.

Je n'admettrais pas même le tempérament apporté
par Marcadé à la doctrine que je combats. « Sans
doute, dit-il, le voleur ne peut plus, au bout de trois
ans, être poursuivi criminellement ni civilement comme
voleur, mais rien n'empêche de le poursuivre pendant
trente années par action réelle comme détenteur du bien
qui m'appartient. Il est très-vrai, ajoute-t-il, que pour
repousser la défense qu'il voudrait tirer de l'art. 2279
et pour prouver sa mauvaise foi, je ne pourrai pas parler
du vol ; mais ce n'est là qu'une affaire de précaution
oratoire et il sera toujours facile d'arriver, surtout avec
la bonne volonté que ne manqueraient pas d'y mettre
les juges en pareil cas, à donner la conviction de la
mauvaise foi sans se faire déclarer non recevable comme
poursuivant le possesseur en qualité de voleur. »

Pour ma part, je trouverais que la bonne volonté des
juges ne serait en telle circonstance qu'un excès de
pouvoir, une violation flagrante de la loi pénale, qui
devrait faire casser leur décision. Au dire de Marcadé,
il suffirait de quelques mots voilés pour éluder la loi ;
je soutiens, au contraire, que les tribunaux chargés
d'appliquer d'office les prescriptions criminelles de-

vraient soigneusement examiner s'il y a eu vol, escroquerie, abus de confiance, et rejeter la demande tout
aussitôt qu'ils auraient connaissance du délit.

---

## ARTICLE SECOND.

### Interprétation de l'article 2280.

#### SOMMAIRE.

83. L'art. 2280 est une nouvelle dérogation à la maxime : *en fait de
meubles, la possession vaut titre.*
84. Des recours accordés au propriétaire contre le voleur, l'inventeur ou
les vendeurs de mauvaise foi.

---

83. L'art. 2280 n'est point un retour à la maxime
*en fait de meubles, la possession vaut titre ;* il
apporte simplement un tempérament aux dispositions
exceptionnelles de l'art. 2279 en permettant au tiers
acquéreur des choses perdues ou volées, dans certains
cas où sa bonne foi est incontestable, de réclamer du
propriétaire qui exerce contre lui l'action en revendication, le prix qu'il a payé au vendeur des meubles.

L'art. 2280 n'étant qu'une nouvelle exception à une
disposition déjà exceptionnelle, il résulte qu'il doit être
restrictivement interprété.

Ce n'est donc qu'autant que le tiers acquéreur tiendra directement les meubles d'un marchand vendant des choses pareilles ou qu'il les aura achetés dans une foire ou dans un marché public, qu'il pourra user du bénéfice que la loi lui concède.

Aussi je regarde comme une erreur cette doctrine enseignée par M. Troplong « qu'il suffit pour l'application de l'art. 2280 que l'acheteur ait eu un juste sujet de croire que le vendeur était un marchand de profession (1). »

En raisonnant ainsi, on arriverait facilement à faire intervenir l'art. 2280 toutes les fois que l'acquéreur aurait été trompé et que sa bonne foi serait évidente. Certes, ce système peut être excellent au point de vue législatif, et, pour ma part, je le crois préférable à celui qui est consacré ; mais enfin, la loi doit être appliquée telle qu'elle existe, et ce n'est point aux interprètes qu'il appartient de la réformer.

En conséquence, je me joins à l'opinion de M. Carel (2) pour critiquer, malgré l'approbation de M. Troplong, un arrêt du parlement de Paris du 6 avril 1780, qui avait jugé que celui qui avait acheté des marchandises d'un voiturier infidèle ayant pris un faux nom, ne pouvait être exposé aux recherches du propriétaire.

---

(1) *Traité de la vente*, tom. 1, n° 242. Contra, Nîmes, 7 mars 1827. D. 28, 2, 44 -- (2) *Thèse de doctorat*, pag. 108.

84. Lorsque le propriétaire d'un meuble perdu ou volé exerce son action en revendication, et que, eu égard aux circonstances de l'art. 2280, il est obligé de donner préalablement au possesseur le prix d'acquisition, il a, pour obtenir le remboursement de ce prix : 1° une action contre le voleur ou l'inventeur ; 2° une action contre tous les vendeurs intermédiaires qui auront été de mauvaise foi. Cette décision est consacrée par deux arrêts, l'un de la Cour de Paris du 9 décembre 1839, et l'autre de la Cour d'Aix du 17 mai 1859. Elle est d'ailleurs conforme aux principes et profondément équitable (1).

Il faut même ajouter avec la loi romaine (2) que si le meuble venait à périr dans les mains du dernier possesseur, et que le propriétaire ne pût plus exercer son action en revendication, le voleur ou l'inventeur et tous les vendeurs intermédiaires de mauvaise foi pourraient être indistinctement actionnés, sauf à exercer un recours pour que finalement la perte soit supportée par celui qui le premier a commis la faute en s'appropriant injustement la chose d'autrui.

(1) Sirey, 1840, 2, 113; 1859, 2, 621. — (2) L. 23, D. de rebus creditis. Si eum servum qui tibi legatus sit quasi mihi legatum vendiderim, mortuo eo, posse te mihi pretium condicere Julianus ait : quasi ex re tua locupletior factus sim.

# CHAPITRE V.

## De la prescription des Meubles dans quelques législations étrangères.

### SOMMAIRE

85. La maxime *en fait de meubles, la possession vaut titre*, n'a point son origine dans le droit germain.
86. Toutes les législations allemandes admettent la revendication des meubles.
87. Des législations qui admettent le principe de la loi française.
88. Du concours de plusieurs lois pour déterminer la prescription mobilière.

---

85. Un auteur écrivant sous l'influence exclusive du droit germanique (1) a cru trouver dans les coutumes saxonnes l'origine de la règle *en fait de meubles la possession vaut titre*. Il fonde son assertion, pour ce qui concerne le droit germanique, sur divers textes dont nous n'oserions contester la valeur, et pour ce qui concerne le droit français et notre ancienne jurispru-

---

(1) M. Renaud, professeur à Berne : sa dissertation est insérée dans le journal de législation de MM. Mittermaier et Mohl.

dence, sur plusieurs erreurs capitales qui nous font
rejeter sans hésitation son étrange conjecture. Il est
possible que le droit germanique n'ait pas admis la revendication des meubles; mais, bien certainement, ce
n'est pas à cette source que le Châtelet de Paris a puisé
la théorie nouvelle lorsqu'il dérogeait aux Coutumes
françaises qui, pendant dix siècles, avaient admis la revendication des meubles (1). D'ailleurs, en reconnaissant
que les dispositions sont analogues sans avoir été en-
gendrées l'une par l'autre, il faut remarquer aussi que
les motifs qui les expliquent sont aussi différents que
les époques. Si les Germains déniaient le droit de suite
à l'égard des meubles, c'est qu'ils attachaient peu de
prix à la fortune mobilière; si la jurisprudence du
dix-huitième siècle et le Code Napoléon aboutissent
au même résultat, c'est que, tout en tenant compte de
la fortune mobilière, ils ont eu égard à la facilité des
transactions et à l'intérêt du crédit public.

86. Au reste, si le droit germanique a jamais formulé
une théorie semblable à celle de notre Code Napoléon,
il faut avouer que, dans sa terre natale, il a été vaincu
par l'influence envahissante de la jurisprudence romaine :

---

(1) La plus grave erreur de M. Renaud consiste à dire « que le principe le plus universellement adopté en cette matière par le droit coutumier français, c'était celui du droit germanique, » Il suffit de nous référer
à ce que nous avons dit, chap. I.

toutes les législations d'outre-Rhin admettent aujour-
d'hui, en principe, la revendication mobilière.

C'est ainsi que nous trouvons dans le Code bavarois
un article ainsi conçu (1) :

« *A moins de dispositions exceptionnelles, les
meubles se prescrivent par trois ans.* »

Dans le Code autrichien, le principe est le même (2) :

« *La propriété des meubles se prescrit par une
possession légitime de trois ans.*

« *Celui qui a acheté un meuble d'un individu de
mauvaise foi, ou d'un inconnu, n'acquiert la propriété de ce meuble que par le double du temps
ordinaire.* »

Je dois dire que ce même Code reconnaît au principe
de la revendication des exceptions qui laissent entrevoir
une tendance tout-à-fait identique à celle de notre droit
français :

« *Le propriétaire*, disent les art. 367 et 368, *ne
peut réclamer sa chose mobilière, lorsque le possesseur est de bonne foi et qu'il l'a achetée aux enchères
publiques, à un marchand autorisé, ou à la personne
à laquelle le propriétaire l'avait remise ou confiée.
Dans ce cas, il n'a droit qu'à des dommages-intérêts
de la part des responsables.* »

---

(1) Art. 8, liv. ii, chap. iv. Le Code bavarois promulgué en 1756 est
une des législations les plus anciennes de l'Allemagne. — (2) Art. 1466
et 1476, part. 3, chap. iv.

Art. 368. *Si le possesseur est de mauvaise foi, il est tenu de restituer.*

Le Code prussien ne reconnaît d'autre prescription que la prescription décennale, et pour les choses volées une prescription de quarante ans (1).

87. Quant aux législations qui adhèrent au principe de la loi française, elles ne sont pas très-nombreuses ; je les citerai toutes en nommant le Code Hollandais et le Code Sarde.

Le Code hollandais dispose ainsi, dans son article 2014 :

« *La possession vaut titre en fait de biens meubles autres que les rentes et créances non payables au porteur.* »

Puis il consacre aussi les exceptions de notre article 2279, ainsi que celle de l'art. 2280 (Voyez son art. 637 ).

Le Code sarde répète aussi la maxime française en s'efforçant d'en élucider la portée :

« *En fait de meubles,* dit-il dans son art. 2411, *la possession vaut titre en faveur des tiers. Néanmoins, celui auquel il a été volé une chose ou qui l'a*

---

(1) Art. 584, 620, 648. Parmi les législations qui n'admettent pas la prescription instantanée du droit français, on peut citer encore le Code de la Louisiane qui exige une possession triennale (art. 3440).

*perduc, si, en ce dernier cas, on n'a fait ni la consignation, ni les publications prescrites par les art. 686 et 687, peut la revendiquer pendant trois ans, à compter du jour du vol ou de la perte, contre celui dans les mains duquel il la trouve; sauf à ce dernier, son recours contre la personne de laquelle il la tient. »*

L'art. 2412 reproduit identiquement l'art. 2280 du Code Napoléon.

88. Les meubles pouvant être déplacés très-aisément, il arrive qu'ils passent quelquefois sous l'empire de plusieurs législations ; les tribunaux français devront-ils toujours appliquer l'art. 2279, lors même que ces meubles appartiendraient à des étrangers et que leur acquisition se serait opérée hors de France ?

Ainsi je suppose que j'ai acheté à Berlin un cheval volé ; il me faudrait, en Prusse, quarante ans pour le prescrire. Si le propriétaire intente la revendication contre moi, devant un tribunal français, et cela plus de trois ans après le vol, le tribunal devra-t-il débouter le demandeur ?

De même, j'ai acheté à Munich tel objet qui n'appartenait pas au vendeur ; le propriétaire véritable pourra-t-il, en se fondant sur la loi qui régissait le meuble au moment du contrat, intenter contre moi et devant un tribunal français, une action tendant à m'évincer ?

Évidemment non, et les auteurs qui discutent si vivement la question de savoir si la loi française est applicable aux universalités de meubles situés sur le territoire et appartenant à des étrangers, admettent unanimement, dès qu'il s'agit de meubles isolés, que la loi française seule leur est applicable.

Pour nous, qui admettons, avec Marcadé (1), la décision affirmative sur la première question et qui ne comprenons pas que les meubles soient *réputés n'avoir pas de situation*, quand, par le fait, ils en ont une, cette solution ne comporte aucune controverse.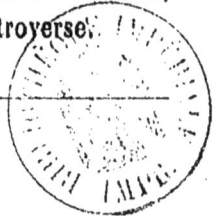

---

(1) Sur l'art. 3, n° 6.

# TABLE SOMMAIRE.

INTRODUCTION ....................................... 5

CHAPITRE Ier. — De la prescription des meubles dans notre
ancienne jurisprudence. Origine de la
maxime *en fait de meubles, la possession
vaut titre*........................... 11

CHAPITRE II. — Interprétation de la maxime *en fait de meubles,
la possession vaut titre* ............... 43

CHAPITRE III. — Des cas d'application de la maxime........ 62

    SECTION Ire. — A quels meubles elle s'applique ....... 62

    SECTION II. — Sous quelles conditions elle peut être
invoquée......................... 84

        § 1. — La possession....................... 90

        § 2. — Le juste titre...................... 98

        § 3. — La bonne foi ...................... 110

CHAPITRE IV. — Des exceptions à la maxime en cas de perte
ou de vol ......................... 114

    ARTICLE 1er. .................................. 114

    ARTICLE 2. — Interprétation de l'article 2280 ........ 136

CHAPITRE V. — De la prescription des meubles dans quelques
législations étrangères ............... 139

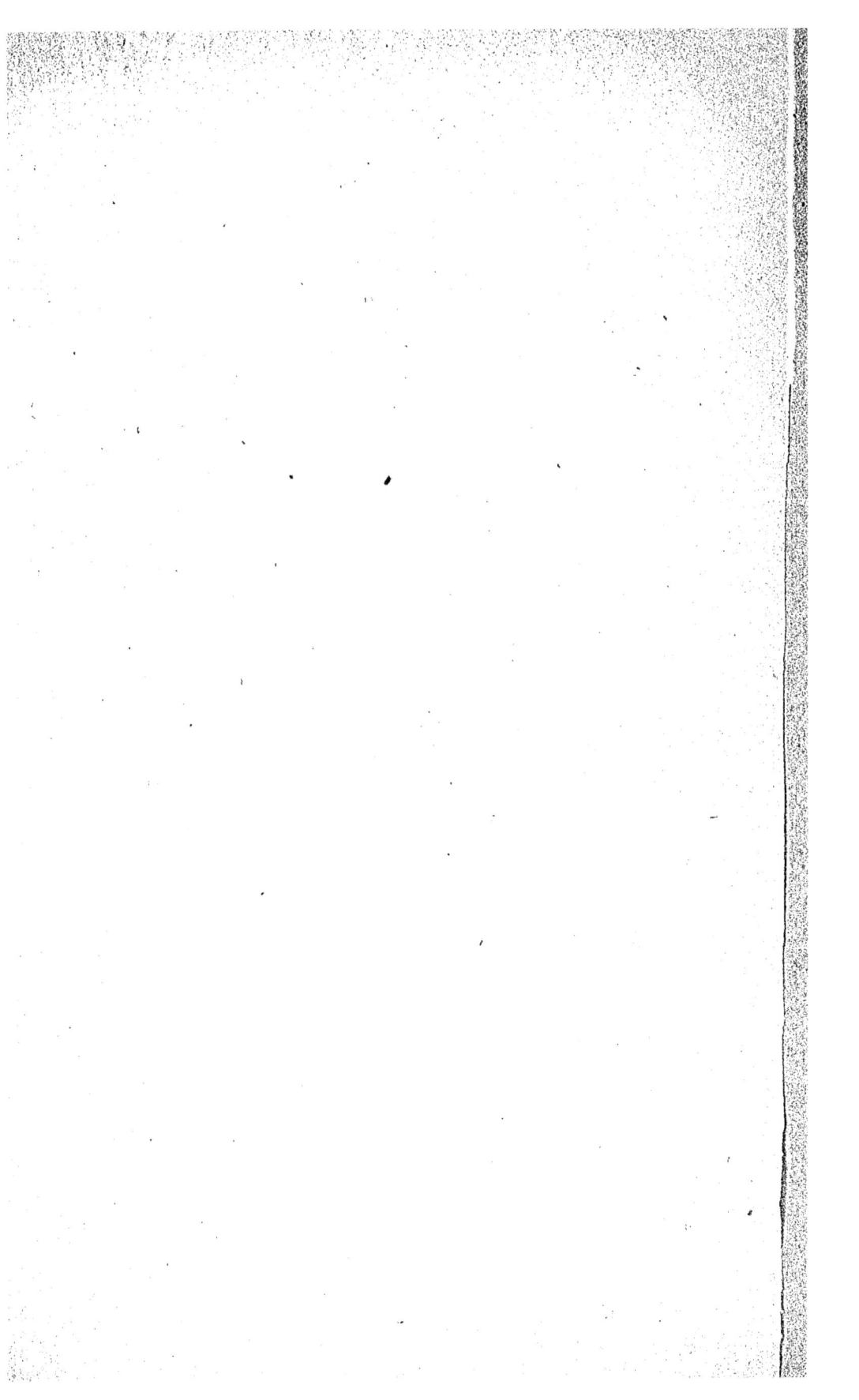

www.ingramcontent.com/pod-product-compliance
Lightning Source LLC
Chambersburg PA
CBHW071908200326
41519CB00016B/4531